만화방 교회 이야기

동네 사람, 동네 목사의 파란만장 교회 개척 이야기

세움북스는 기독교 가치관으로 교회와 성도를 건강하게 세우는 바른 책을 만들어 갑니다.

 동네 교회 이야기 시리즈 4

만화방 교회 이야기

동네 사람, 동네 목사의 파란만장 교회 개척 이야기

초판 1쇄 발행 2022년 8월 30일
초판 5쇄 발행 2024년 9월 30일

지은이 | 신재철
그린이 | 강신영 김주은
펴낸이 | 강인구

펴낸곳 | 세움북스
등 록 | 제2014-000144호
주 소 | 서울시 종로구 대학로 19 한국기독교회관 1010호
전 화 | 02-3144-3500
팩 스 | 02-6008-5712
이메일 | cdgn@daum.net

교 정 | 류성민
디자인 | 참디자인

ISBN 979-11-91715-49-1 (03230)

* 이 책은 신저작권법에 의하여 국내에서 보호를 받는 저작물입니다.
  출판사의 협의 없는 무단 전재와 무단 복제를 엄격히 금합니다.
* 책값은 뒤표지에 있습니다.
* 잘못된 책은 교환하여 드립니다.

동네 교회
이 야 기
시 리 즈
4

만화방 교회 이야기

동네 사람, 동네 목사의
파란만장 교회 개척 이야기

글 **신재철**
그림 **강신영 · 김주은**

저자 서문

세상에서 가장 재미난 글은 무엇일까요? 개인 취향으로 장르가 나뉠 수도 있겠지만, 책상 위에 펼쳐진 다른 이의 일기장을 본 경험이 있으시다면, 선택에 주저함이 없을 것입니다. 누군가의 삶을 살짝 들여다본다는 것, 매우 재미있는 일입니다. 최근 수필 문학이 사람들에게 사랑받는 것도 바로 그런 이유라고 생각합니다. 우리는 수필을 읽으면서 단순하게 깔깔거리며 웃는 재미를 넘어, 다른 사람의 삶을 진중하게 바라볼 때 함께 울고 웃고 아파하면서 내면의 상처를 해소하는 카타르시스를 경험하게 됩니다. 우리는 그렇게 타인의 삶을 들여다보며 '진짜 재미'를 느끼게 됩니다. 그런 의미에서 저는 이 책을 집필하며 철저하게 '재미'를 추구했습니다. 깊지도 넓지도 않지만 술술 넘어가는 책을 만들기 위해 노력했습니다. 흔한 언어유희나 정돈된 논리가 없을지도 모르지만 한 사람의 이야기를 통해서 같이 울고 웃을 수 있기를 바라며 글을 써 내려갔습니다.

하지만 저는 '재미'뿐 아니라 이 안에 꼭 담고 싶은 것이 있었습니다. '의미'입니다. 아이러니하게도 재미만 가득한 책은 사실 재미가 없습니다. 배를 채우기에 급급한 인스턴트(instant) 음식 같다고나 할까요? 식감도 풍미도 즐기기 어렵습니다. 하지만 글에 의미가 담길 때 비로소 독자의 삶에 양분이 되고 동력이 된다고 생각합니다. 대단한 내용도 필력도 없지만 가능한 한 작은 의미 한 조각 담아 보려 노력했습니다. 자그마한 여운이 남는 그런 책이길 바랍니다.

또 하나의 바람이 있습니다. 이 책이 화장실 안에서 발견되는 책, 차 뒷좌석에 던져두는 책, 사무실 한 귀퉁이에 아슬아슬하게 걸쳐져 있는 책이기를 바랍니다. 그렇게 잠시 앉아서 누군가를 기다리며 읽거나, 머리가 무거울 때 가볍게 집어 들고서 읽을 수 있는 그런 책이면 좋겠습니다. 저는 그것으로 충분합니다.

감사의 마음을 전합니다. 졸필인 저에게 책을 내야 한다며 다그치기까지 한 권율 목사님, 계약되기까지 뒤에서 밀어주신 김민철 목사님, 잔뜩 기대하시며 계약서를 보내 주신 세움북스 강인구 대표님, 늘 격려를 아끼지 않는 조은정 작가님, 페이스북과 블로그에서 제 글을 재미나게 읽어 주신 독자분들, 개척을 응원하며 격려해 주신 새삶교회 안귀모 목사님과 성도님들, 이름을 다 적지 못해 미안함 가득한 나의 이웃과 친구들 모두에게 감사를 드립니다.

그리고 늘 곁에서 자리를 지켜 주는 아내, 이제는 목소리가 제법 굵어진 나이에도 아빠 곁에서 사랑을 고백하는 두 아들, 변함없이 묵묵히 기도로 응원하시는 양가 부모님, 부족한 형 자리 채우느라 바쁜 내 동생, 교회 개척하느라 고군분투하는 아내의 오빠 현구 형님, 부족한 목사와 함께 교회를 개척하며 고생하는 좋은나무교회 가족들. 너무 사랑합니다.

마지막으로 내 삶을 아름다운 흔적으로 채워 주신 성부 하나님, 성자 예수님, 성령 하나님께 모든 감사와 사랑을 올려 드립니다.

자, 이제부터 한 사람의 이야기가 시작됩니다. 꼬맹이 어린 시절부터 중년을 바라보는 목사가 되기까지, 저의 인생 여정이 누군가에게는 즐거움이 되고 누군가에게는 위로가 될 수 있기를 기대합니다. 그리고 그 안에서 섬세하게 일하신 하나님의 손길을 읽는 재미 또한 누릴 수 있기를 바랍니다. 제 기억의 왜곡이나 한계로 작은 오류가 있을 수 있겠지만, 가능한 한 솔직하게 '나의 이야기'를 담아 보았습니다. 저의 이야기가 여러분의 이야기가 되는 즐거움이 가득하기를 축복합니다.

2022년 7월 더운 여름날
행복한 사역자, 신재철

추천사

주님의 몸 된 교회를 진심으로 사랑하는 사람은 교회 된 성도들을 위하여 자신을 아낌없이 드리는 헌저함을 보입니다. 저는 신재철 목사님에게서 그 모습을 봅니다. 목회적 조건과 상황을 계산하지 않고 주님의 교회를 돌보고 세워 가기 위해 자신의 전 삶을 드리는 헌저한 삶을 보여 주는 귀한 종입니다. 신재철 목사님은 다음 세대를 대상으로 목회의 출발점을 삼는 데 본을 보여 주는 사역자입니다. 만화방이라는 독특한 접점을 통하여 그들에게 다가가는 선교적 접근을 하고 있습니다. 이는 통념을 깬 접근이고 거룩한 눈높이를 적용한 접근입니다. 주님은 주님의 교회를 사랑하는 사역자에게 가장 독특한, 그만이 가능한 틈새를 보여 주고 계십니다.

신재철 목사님은 사람을 세우는 사람으로 사역의 뼈대를 구성해 가는 중입니다. 그는 헌신 된 사람들을 찾아가 밀착 인터뷰를 하면서 그들을 세워 드리고 그러면서 오히려 자신을 깎아 세우는 기회를 만들어 가는, 멘토링 사역 원리를 적용해 가는 귀한 종입니다. 그리고 신 목사님은 바울의 텐트 메이킹 사역 원리도 목회에 적용하는 중입니다. 돈을 숭배하는 시대에, 돈을 숭배하는 성도들과 갈등하기보다 오히려 자신을 노동 현장에 던져 넣어 더 적극적으로 재물을 일으키는 땀 흘림을 통하여 성도로 하여금 능동적으로 성도 됨에 이끌리도록 견인(牽引)하고 있습니다.

저는 신 목사님을 통하여 목회를 배웁니다. 삶과 사역을 배웁니다. 오늘날 각자도생의 시대에 신세를 한탄하거나 남을 탓하지 않고 도전적으로 주의 교회를 세워 가는 파워 열정을 배웁니다. 조용하지만 마그마처럼 뜨거운 신 목사님의 삶과 사역을 응원하며 그의 간증과 고백이 가득한 이 책을 적극 추천합니다.

_ **가정호 목사** (세대로교회, 부산 기윤실 사무처장)

숨어 있던 보석을 드디어 발견! 저자의 원고를 읽은 저의 솔직한 마음입니다. 이전부터 이 책의 저자인 신재철 목사님과 교제를 나누고 있었는데, 이번에 『만화방 교회 이야기』를 읽으면서 역시 예상했던 바로 그분이라는 확신이 들었습니다. 저는 '만화방 교회'라는 표현이 신 목사님의 성품과 사역을 잘 말해 준다고 생각합니다. 일단 이 책 자체가 한 편의 '만화' 같습니다. 내용이 가볍다는 의미가 아니라 재미있는 만화처럼 정말 술술 읽힌다는 뜻입니다. 본인은 필력이 부족해서 원고 작업이 힘들다고 했는데, 사실이 아닌 듯합니다. 목사님의 성품도 마치 만화 캐릭터 같습니다. 실제로 대화를 나누다 보면 금방 느낄 수 있는데, 놀라운 재담으로 상대방을 정말 재미있게 해 줍니다.

저는 이 책에서 목사님의 어린 시절 이야기를 읽다가 소년 신재철의 당시 모습이 비현실적으로 느껴졌습니다. 마치 만화 속에서나 등장할 법한 착한 캐릭터들처럼 말이죠. 어린 시절부터 형성된 저자의 이런 성품과 영혼을 향한 남다른 열정이 한데 버무려져 마침내 '만화방 교회'(좋은나무교회)의 개척으로 이어진 것 같습니다. 만화책을 교회당에 비치해 두고 교회의 이미지를 당신의 성품처럼 이웃들에게 친근하게 만들려는 노력이 저에게는 '넘사벽'으로 느껴집니다.

무엇보다 아파트 관리소장으로 일하면서 지역 주민들과 직접 소통하며 이웃들을 주님의 마음으로 계속 품으려는 목사님의 모습에 큰 도전을 받습니다. 그래서『만화방 교회 이야기』는 이 시대의 목회자들에게 큰 울림으로 다가옵니다. 이 어려운 시국에 교회 개척의 또 하나의 훌륭한 샘플이라고 확신합니다. 이 책의 부제대로 "동네 사람, 동네 목사의 파란만장 교회 개척 이야기"를 생생하게 접할 수 있습니다. 물론 목회자가 아니더라도 누구든지 감명 깊게 읽을 수 있는 책입니다. 모두에게 일독을 권합니다.

_ **권율 목사** (부산 세계로병원 원목,『연애 신학』저자)

언제부터인가 사람들 사이에서 기독교 신앙은 거대 담론을 논하고 비장미를 기본으로 하는 엄숙하고 진지한 신앙 체계로 인식되고 있습니다. 신자들의 입술을 통해 주로 터져 나오는 발언들을 들어 보면, "주님을 위해 죽겠다.", "내 인생을 드리겠다.", "이 교회에 뼈를 묻겠다." 이런 종류의 것들이 참 많습니다. 물론 자신의 진심과 진정성을 표현하기 위해 사용하는 표현이지만, 이런 식으로는 기독교 신앙의 아름다움을 세상에 온전히 설명하거나 표현하기 어렵습니다.

신재철 목사님께서 이번에 비장함과 거대 담론을 기본으로 하는 기독교 신앙에 제동을 걸고, 일상의 소중함을 강조하면서, 동시에 지극히 평범한 삶 속에서 말씀하시는 하나님을 전면에 내세운 따뜻하고 정겨운 책을 출간했습니다. 평생을 살아도 한 번도 경험하기 어려운 이야기가 아닌, 아침에 눈을 뜨면 매일 만나게 되는 보통의 하루 속에 담긴 하나님의 일하심과 음성을 듣기 원하는 사람들에게 이 책을 마음을 다해 권합니다. 묘한 동질감과 생각보다 많은 은혜가 여러분의 마음에 넘치리라 확신합니다.

_ 김관성 목사 (낮은담침례교회, 『본질이 이긴다』 저자)

누구나 다 알지만 아무도 읽지 않을 고색창연한 책으로 가득한 교회 도서관을 볼 때마다, 오라는 건가, 오지 말라는 건가, 그런 의문을 떨치지 못했습니다. 지역 도서관이나 학교 도서관과도 경쟁력이 없기 때문입니다. 허나, 만화로 사면을 가득 채운 교회이기에 동네 사랑방이 되고, 아이들 놀이터가 되고, 연인들의 약속 장소가 되고, 잠깐의 쉼터가 됩니다. 동네 주민들로 북적거립니다. 오지 말라고 해도 문 열어 달라고 아이들과 청소년들이 보챕니다. 만화방 교회로 개척하거나, 교회 도서관에 만화를 많이 넣으라는 제안에 다들 고개를 주억거렸지만, 막상 실천한 것은 신재철 목사뿐입니다. 하여, 교회 도서관에 관심 있는 이들에게 말합니다. "만화방 교회에 와서 보라." 그리고 "이 책을 들고 읽으라!"

_ 김기현 목사 (로고스교회, 『모든 사람을 위한 성경 독서법』 저자)

"대한민국에서 만화책을 가장 많이 가진 교회가 되리라" 참으로 특별한 비전을 가진 놀라운 교회의 이야기가 시작됩니다. 신재철 목사님과 좋은나무교회의 스토리입니다. 신재철 목사님이 교회를 개척하기 전에 찾아오셔서 교회 개척의 비전을 흥분된 표정으로 소개할 때, "이분을 내가 말려야 하나?"라는 생각이 들기도 했습니다. 그러한 나의 기우를 넘어서는 뜨거운 열정에 결국 나는 축복을 해주기로 했습니다. 그리고 시작된 교회는 놀랍게도 잘 자라고 있고, 거룩한 영향력들을 뿜어 내고 있습니다. 그러한 스토리는 혼자만의 것으로 갖기에는 너무도 아름다운 스토리였기에 신문사에 연재를 하도록 연결을 해드렸습니다. 그 연재가 점점 쌓이면서 이제는 책으로 세상에 나오게 되어 정말 놀라운 감사와 축하를 드립니다. 결국은 '스토리'가 이깁니다. 상상의 스토리가 설득을 하기도 하지만, 삶의 기록으로 풀어 낸 스토리는 듣고 보는 이들을 변화시킵니다. 신재철 목사님의 눈물과 땀으로 써내려간 이 책이 많은 성도님들과 목회자님들에게 새로운 영감을 주는 귀한 도구가 되어, 좋은나무교회 이야기가 해피엔딩으로 열매 맺기를 소망합니다.

_ 김현철 목사 (김해 행복나눔교회, 『하나님의 게임체인저』 저자)

같은 교회에서 함께 동역했던 신 목사님이 자신의 삶을 쓴 진솔한 이야기들이 책으로 출간되었다니 축하를 드립니다. 함께 동역하면서 느꼈던 신 목사님은 늘 열정이 가득했고, 찬양을 인도할 때 그 열정이 뿜어져 나왔습니다. 특히 제가 가지지 못한 친화력이 뛰어났는데, 한 번 맺었던 인간관계를 소중히 여기며 그 관계를 발전시켜 나가는 모습이 참 부러웠습니다. 만화방 교회를 개척한다고 했을 때 신 목사님의 친화력과 소통력이 큰 몫을 할 것이라 생각했는데, 역시나 교회가 기대 이상으로 잘 성장하여 감사했습니다.

개척한 지 얼마 지나지 않아 코로나 사태라는 위기를 맞았는데도 크게 흔들리지 않고 더 넓은 장소로 교회를 이전하기까지 하는 복을 받았습니다. 아직 젊은 목사인데도 자신의 삶을 풍성하게 지면으로 나눌 수 있다는 것은 그만큼 신실하게 살아왔다는 증거입니다. 이 책이 많은 사람에게 읽히고 감동이 되기를 바랍니다.

_ 안귀모 목사 (새삶교회, 저자의 개척 전 교회 담임)

만화방 교회 이야기라니, 책 제목이 심상치가 않습니다. 그런데 뜻밖에도 책을 열면서 조금은 엉뚱하고도 천진난만한 소년을 맞닥뜨립니다. 어릴 적에 있었던 일상의 소소한 이야기들을 따라가다 보니, 나도 모르게 저절로 미소가 지어지고 마음이 따뜻해집니다. 그리고 소년기를 지나 청년기와 장년기 저자의 삶은 꽤나 굴곡져 보이기도 합니다. 마주하는 현실을 지탱하는 모습이 꽤나 안쓰럽지만, 거칠거나 모나지 않아서 좋습니다.

저자는 목사의 신분을 가지고 있습니다. 목사님이 쓴 '교회 이야기'이지만, 결코 신앙을 강요하지는 않습니다. 오히려 한 사람의 크리스천으로서 어떻게 삶을 살아 내는 것이 옳은 것인지를 함께 고민하게 합니다. 책을 읽으면서 웃기도 하고, 또 한편으로는 속상하기도 하면서, 한 사람의 크리스천으로서 너무나 평범한 일상을 삶의 예배로 드리는 것이 그리 거창한 것만은 아니라는 생각을 하게 되었습니다. 결코 무겁지 않으나, 믿는 자로서의 삶에 대한 성찰을 주는 책입니다.

_ 오현숙 집사 (비전교회 성도, 저자의 장모)

이 글을 읽으면서 나의 지난 발자취를 그려 보았습니다. 아이의 삶에 나의 삶이 녹아 있었습니다. 그래서 이 책은 내게도 참 소중합니다. 재철이가 여섯 살 정도였을까? 큰 홍수로 강이 넘치고 둑이 터질 상황에서, 남편은 멀리 일하러 가 혼자서 어찌할 바를 몰라 동동거리고 있었습니다. 살아야겠다는 생각에 작은아들을 등에 업고, 큰아이를 커다란 플라스틱 대야에 태워 물에 띄워 피난 갈 준비를 했던 때가 있었습니다. 아이들과 함께했던 추억에 피식 웃음이 납니다.

  아이를 통해 꿈꾸었던 시간도 있었습니다. 만일 아들이 경찰대학을 나왔거나 평범한 공무원이 되었다면 지금보다는 어깨에 힘주고 살았겠지만, 저는 목사인 아들이 참 좋습니다. 신앙생활을 하지 않던 시절, 언젠가 이런 질문을 아들에게 했던 적이 있습니다. "목사 돼서 돈 많이 벌어 호강시켜 줄 거지?" 그러자, "목사 돈 벌려고 하는 거 아니에요!" 단칼에 잘라버리는 아들의 말에 조금의 서운함도 없었다면 거짓말일 것입니다. 하지만 그런 아들이 좋았습니다. 부모와 떨어져 동생과 잘 지내는 아들이 좋았고, 잘 자라서 가정을 이루며 목회하는 모습도 좋았습니다. 조금은 힘든 삶이지만 그 삶에 사랑과 은혜가 있기를 바랍니다. 성도들에게 그 은혜와 사랑이 흘러가기를 기도합니다.

_ 한정혜 집사 (뿌리교회 성도, 저자의 어머니)

목차

저자 서문 · 5
추천사 · 8

첫째 이야기,
나의 어린 시절 "그땐 그랬지"

안녕, 청송(青松) : 촌놈, 유학을 떠나다 · 20
안녕, 대전(大田) · 22
선생님요, 청소 다했니더 · 24
50원만 빌려주세요 · 27
빼빠, 맞거든요! · 30
좀 씻고 다녀라 · 33
아빠의 일터(1) : 새참과 낮잠 · 36
아빠의 일터(2) : 지붕 위의 아빠 · 39
행복한 밥상 · 42
나는 남자니깐! · 45
짝사랑? 첫사랑? · 49
행복한 꼴찌 · 53
재철이 건드리지 마! · 56
황금 샤프 : 내 것을 내 것이라 증명하기 · 59
학교 괴담 · 63
교회를 끊다 · 66

둘째 이야기,
성도 그리고 사역자 "그 길을 걷다"

500원으로 시작된 삶 · 72
진짜 믿어지니? · 76
안 돼! (1) : 떡 사고 혼나다 · 81
안 돼! (2) : 선짓국이 뭔 죄야 · 85
술 권하는 교회 친구 · 88
피 흘리는 할아버지 그리고 며느리 · 92
도둑놈의 새벽기도 · 96
돌솥 열두 개, 사장은 웃는다 · 100
학생이 먼저 들어가 봐 · 104
잔돈 주세요 · 109
노래방 삐끼가 만난 사람 · 113
잘못된 만남 · 116
흔한 이름, 싸이월드의 추억 · 119
고맙다, 조교 동생 · 124
첫 휴가, 첫 출산 · 128
별 세 개와 막대기 세 개의 새벽예배 · 134
생쥐와 사투 : 내 거 먹지 마 · 139
엄마 앞에서는 전도사 하지 마 · 143
목회 윤리가 뭘까? · 146
바닥이 부서진 예배 · 150
저 진짜 목사 맞는데요 · 153

셋째 이야기,
관리소장 "하나님의 한 수"

관리소장이 된 목사 · 158
조롱을 당하다 · 161
안녕하세요. 벤츠 두 대입니다 · 166
관리소장, 태풍과 만나다 · 170
잠복(潛伏), 사라지는 고물을 찾아서 · 174
괜히 인사했나? · 179
미안, 용서가 안 될 것 같아 · 183
윈도우 XP, 너를 보게 될 줄이야 · 187
아파트 순찰 · 191
종교 전쟁 · 195
관리실에 에어컨이 생기다 · 200
불편한 반상회 · 204
배신감 · 208
도어록의 슬픔 · 212
어쨌든, 메리 크리스마스 · 215
스님, 택배 받으시지요 · 218

넷째 이야기,
만화냐, 승합차냐 그것이 문제로다

월세가 아까운데 · 224
만화냐, 승합차냐 그것이 문제로다 · 227
늦은 밤까지, 교회를 떠날 수 없더라 · 231
만화방 삼촌, 만화방 이모 · 233
라면과 계란 볶음밥 · 236
목사에게 성도 흥보지 마세요. 민망해요 · 239
만화방 언제 열어요? · 242
교회 이사 가요 · 245

다섯째 이야기,
교회 개척 "이거 맞는 걸까?"

이럴 생각 없었는데 · **250**
부모님을 집사님처럼, 집사님을 부모님처럼(1) · **254**
부모님을 집사님처럼, 집사님을 부모님처럼(2) · **257**
신 목사, 신 과장 · **260**
수요예배와 새벽기도 · **263**
교회의 빈자리 · **267**
놀면 뭐하니 · **271**
쫄보 목사 · **276**
나의 특별한 친구를 소개합니다 · **279**
불편한 물싸움 · **283**
'데라'로 드린 감사헌금 · **286**
선교(1) : 아프리카를 응원하다 · **289**
선교(2) : 우리 재정이 아닌 것 같은데 · **293**
그래, 가족이구나 · **297**
창과 방패 : 그래도 내가 이겼다! · **300**
그만 울어 버렸다 · **303**
서러워서 참 · **309**
첫 등록 교인 · **312**

첫째 이야기,

나의 어린 시절
"그땐 그랬지"

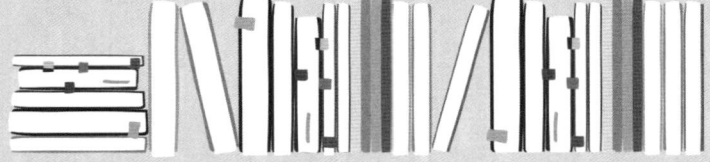

안녕, 청송(靑松) :
촌놈, 유학을 떠나다

"차 좀 세워 줘!"

1년에 한두 번, 외가댁 갈 일이 아니면 지나지 않는 길. 오르락내리락, 구불구불, 휘청휘청. 아스팔트와 푸른 산만 보이는 그 길은 참 한결같았다. 한결같은 것이 또 하나 있었는데, 바로 우리 엄마. 늘 그 지점이 되면 엄마는 아빠를 황급히 부르며 차를 세웠다. 그날도 엄마는 멀미의 끝을 보여 주셨다. 늘 같은 지점에서 그러는 엄마가 어린 내 눈에도 참 신기했다. 얼굴이 하얗게 질린 엄마가 차에 다시 타게 되면, 우리 삼부자는 한정혜 씨를 놀려 먹었다. 그렇게 차는 다시 대전을 향해 출발했다.

그날은 내가 전학 가는 날이었다. 태어나서 처음으로 고향과 부모님을 떠나 두 살 어린 동생과 함께 대전이라는 낯선 곳에서, 외할머니와 함께 생활하게 되었다. 엄마는 그것을 유학이라고 하셨다. 5학년까지 늘 최상위 성적을 유지하며 반장을 한 번도 놓치지 않은 아들이 시골에서 살기에는 아까우셨단다. 그때도 어렴풋이 엄마의 마음을 읽을 수 있었다. 떠나는 나 못지않게 부모님께도 쉽지 않은 결정이라는 것을 어렵지 않게 짐작할 수 있었다.

"대전에서 동생과 같이 살 수 있겠어? 엄마 아빠는 너희가 거기서 공부도 잘하고 성공한 사람이 되면 좋겠어."

부모님은 인격적이셨다. 우리에게 먼저 의견을 물어오셨고, 나는 망설임 없이 가겠다고 대답했다. 두렵지는 않았다. 가서 공부도 잘할 자신이 있었고, 부모님 보고 싶다고 징징거리지도 않을 것 같았다. 다만 6학년이 되어 '전교어린이회장'을 못 해보고 떠나는 것이 큰 아쉬움으로 남을 뿐이었다. 그렇게 1톤 트럭은 어느 때보다 가볍게 우리 네 식구를 태우고 열심히 달렸다. 카세트에는 구수한 '김란영 카페 음악' 노래가 흘러나왔다. 늘 나오던 노래, 익숙함에 나도 모르게 흥얼거렸다.

"안녕, 청송."

안녕, 대전(大田)

"푸를 청(靑), 소나무 송(松). 청송에서 전학 왔니더."

전학 수속 후 들어간 교실. 담임 선생님께서 친구들에게 자기소개를 해보라고 말씀하셨다. 나는 큰 소리로 나의 고향 이름을 소개하며 인사했다. 아이들이 내 인사보다 더 크게 웃었다. 왜 웃었을까? 이유를 알 수 없었지만, 나는 선생님께서 정해 주신 빈자리에 자리를 잡았다.

조심스럽게 주위를 둘러보았다. 나와 다르게 아이들 얼굴이 뽀얗고 깔끔했다. 갑자기 엄마가 읍내에서 사준 이랜드 옷이 촌스럽게 느껴졌다. 어쩐지 다들 공부도 잘할 것 같았다. 주눅과 함께 찾아든 두려움도 잠시, 쉬는 시간에 몰려든 아이들의 질문 세례에 정신이 없었다. 자꾸 말을 시켰다. 그리고 아이들은 더 크게 웃었다. 아마도 내 사투리가 재미있고 신기했던 것 같다. 대놓고 놀리는 것은 아니지만 뭔가 찝찝했다. 촌놈 하나 전학 오니 신기해서 구경하러 온 느낌이었다.

"뭐여~ 내가 언제~"
"니가 그랬잖여~ 왜 그랴~"

나를 구경하러 온 친구 무리와 떨어진 곳에서 조금 큰 소리가 났다. 제법 덩치 큰 남자아이 둘이서 대화하고 있었다. 내게 몰려든 아이들이 그쪽으로 몰려갔다. 아직 인사도 제대로 못 나눈 옆 짝에게 상황을 물어보았다. 큰소리로 대화하는 두 명의 친구, 그곳으로 몰려드는 아이들. 상황을 이해할 수 없었다. 첫인상 좋은 짝꿍이 웃으며 답해 줬다.

"응, 쟤네 싸우는 거야. 그래서 구경 간 거지 뭐."

응?! 싸우는 거라고? 저렇게 느린 말로, 저렇게 너그러운 톤으로 싸움이 가능하단 말인가? 내가 살던 경상도에서는 싸움이 나면 일단 말로 여럿 죽였다. 목소리도 크고 말한 대로 실천할 것 같은 위협이 느껴졌다. 나름 살가운 인사도 종종 살기가 느껴지곤 했다. 전학 첫날, 대전 친구들에게서 뭔가 푸근함이 느껴졌다.

선생님요, 청소 다했니더

어느덧 익숙해졌다. 등굣길, 학교 앞 문방구, 버스 타고 30여 분 달리면 도착하는 시내, 그리고 아이들의 사투리까지도…. 나는 달라져야 했다. 익숙했던 경상도 말을 바꿔야겠다는 새로운 목표가 생겼다. 하지만 절대 충청도 사투리를 배우고 싶지는 않았다. 물론 내가 사용하는 말도 사투리였지만 다시 배우는 말은 사투리가 아니면 좋겠다고 생각했다. 그래서 표준어를 배우기로 결심했다. 대전 생활이 시작되었지만, 이곳 말을 배우지 않기 위해 좋은 표준어 선생님을 모셨다. 바로…

"텔레비전"

'에잇 닭살!' 텔레비전에 나오는 사람들은 전부 서울말을 썼다. 그래서 텔레비전에 나오는 말은 전부 표준어라고 생각했다. 굳은 의지를 다지며 유심히 살펴 가며 조용히 따라 해보았다. 어색하고 부끄러웠다. 갑자기 죄인이 된 느낌마저 밀려왔다. 표준어에 몰입하는 내 모습이 마치 고향을 배신한 사람이 된 것 같았다. 하지만 내 삶을 바꿀 수 있는 좋은 기회라는 생각에 텔레비전 앞에서 자리를 지켰다. 대전에서 친구들이 자주 쓰는 말을 일부러 표준어로 바꿔서 다시 연습해 보았다. '반드시 이 기회에 표준어를 배우리라.'

"기여?" / "그래요?"

의외로 학교 적응도 수월했고, 염려했던 것들이 정리되어 갔다. 성적도 1~2등을 유지할 수 있었다. 도시 친구들에게 밀릴 것 같은 막연한 공포가 있었지만 나는 이겨 냈다! 내 성적이 발표될 때 담임 선생님과 친구들이 많이 놀랐다. '왜 놀라지?' 사실 조금 불쾌했다. 나는 이후 '시골에서 전학 온 애'에서 '시골에서 전학 왔는데 공부 잘하는 애'가 되어 있었다. 그리고 여자아이들이 주변이라 무거운 물 주전자를 들고 오면 대신 들어주기도 하는 매너남이 되었다. 친구들이 청소 안 하고 도망가도 남아서 청소의 끝을 보는 성실남이 되어 있었다. 함께 청소해야 할 친구들은 도망갔지만 기다란 학교 스탠드를 혼자 모두 쓸어냈다. 청소가 끝나고 교무실에 가서 검사를 받아야 했다. (뭐 어려운 일이라고….) 원래 모범생은 교무실이 무섭지 않다. 당당하게 교무실 문을 열었다.

"선생님요~ 청소 다 했니더."

말 한마디에 교무실 선생님들을 다 웃겨 버렸다. 완벽한 표준어를 구사하셨던 텔레비전 스승님들께 면목이 없었다.

50원만
빌려주세요

나는 유치원을 다녀 보지 못했다. 아침에 노란 가방을 메고 어딘가로 향하던 소수의 친구들이 그땐 괜히 부러웠다. 얼핏 구경해 보니 유치원은 노래도 부르고, 놀이도 하고, 그림도 그리는 곳이었다. 나는 친구들이 유치원에 간 그 시간에 동생과 함께 시장터를 누비거나 빈 땅에 구멍을 파놓고 구슬을 던지며 놀았다.

그런데 얼마 후 나도 정해진 시간이 되면 가방을 메고서 갈 곳이 생겼다. 엄마가 일 나가시기 전 왼쪽 가슴에 달아 주신 손수건, 자그마한 플라스틱 통에 밥과 반찬 두세 가지를 넣어 챙겨 주신 도시락…. 나는 그야말로 자랑스러운 '청송국민학교' 학생이 되었다. 유치원을 다녔던 친구도, 나와 함께 동네를 누비던 친구도, 같은 동네 살면서도 얼굴을 잘 몰랐던 친구도 다 같은 학교에 모여 함께 공부하고 노래하고 공도 찼다.

하루는 엄마가 아팠다. 늘 힘든 일을 하시더니 결국 병이 나셨다. 알아서 학교를 가기는 했는데 도시락을 준비하지 못했다. 점심을 어떻게 해결할까 고민하다가, 즐기지는 않지만 그날은 빵으로 한 끼를 해결할까 싶었다. 내 플라스틱 필통은 수납공간이 많았다. 버튼을 누르면 여기저기 문이 열렸다. 늘 지우개를 넣어 두던 그곳을 열어 보니 마침 50원이 들어 있었다. 마침 우유는 학교에서 받은 것이 있었고, 빵을 사기에는 50원이 부족했다.

"선생님요, 50원만 빌려주시면 안 돼요?"

나는 교탁 옆 개인 책상에 앉아 계신 담임 선생님께 당당하게 요구했다. 무슨 자신감이고 여유였을까? 나는 '선생님'이라는 분에게는 그 정도의 재력이 있다고 믿었고, 으레 빌려주실 수도 있다고 생각했다. (내 뻔뻔함도 항상 누울 자리를 보며 다리를 뻗었으니깐.) 그러자 선생님께서는 50원의 사용처를 물으셨고, 나는 역시나 당당하게 내가 가진 50원에 보태어 빵을 사 먹으려고 한다고 대답했다. 성공! 50원이 내 손에 쥐어졌다.

"선생님, 내일 엄마한테 받아서 꼭 갚을게요!"

그렇게 빵으로 한 끼를 해결하고 학교에서 돌아온 아들을 맞이하는 엄마의 표정이 묘했다. 담임 선생님 전화를 받으셨단다. 엄마는 너무 부끄러웠다며 다음부터는 그러지 말라고 타이르셨다. 엄마가 부끄럽다니 안 해야겠지만, 돈도 잘 갚고 내 배도 채운 아름다운 상황이 뭐가 문제였는지 그때는 알 수가 없었다.

빼빠,
맞거든요!

나는 유치원을 다녀 본 적도 없고, 한글도 제대로 익히지 못하고서 국민학교에 입학했다. 하지만 내 성적표는 부모님을 늘 만족시켰다. '왕년에 1등 못해 본 사람 있나?'라는 말은 괜한 말이 아니다. 나도 그런 과거가 있으니 말이다. 게다가 성격도 차분했으니 당시에 모든 친구와 선생님은 나를 공부 잘하고 얌전한 모범생으로 보았다.

즐거운 시험 시간이 다시 돌아왔다. '자연'이라는 과목이다. 늘 그랬듯 대부분 문제가 어렵지 않았다. 하지만 덤벙대지 말라는 엄마의 충고대로 문제를 천천히 다시 읽었다.

'아닌 것은?', '맞는 것은?'

엄마는 내가 이 두 가지 문제를 늘 대강 읽고서 답을 틀린다며 아쉬워하고 속상해하셨다. 천천히 읽고 읽으며 그렇게 100점을 향해 연필을 눌러가며 정답을 적었다. '이번 시험에도 100점'이라고 확신했다. 채점된 시험지를 받아 보았다. 그런데!

 망설임도, 고민도, 함정도 없었던 문제가 빨간색 막대기로 그어져 있었다. 단 한 문제! 정말 눈이 튀어나올 만큼 당혹스러웠다. 다시 문제를 살피고, 상식을 동원해도 틀린 답이 아니었다. 너무 쉬운 문제였다. 그 물건은 우리 집에 널리고 널려 있던 물건이었다. 아버지의 일터 현장에서 늘 쓰이는 물건이었기 때문이다. 나무의 거친 면을 문질러서 곱게 만들고 그 위에 페인트를 칠하기도 했던 그 물건!

　문. 아래 물체의 이름을 적으세요.
　답. 빼빠

우리 가족은 모두 그것을 '빼빠'라고 불렀다. 하지만 선생님께서는 '사포'라는 이름을 붙이시며 나로 하여금 가족을 불신(?)하도록 만드셨다. 절대 인정할 수 없었다. 선생님께 수차례 항의했다. 잃어버린 100점이 문제가 아니라, 우리 아빠가 부정당하는 것 같아 참을 수가 없었다. 결국 선생님께서는 엄마와 면담을 하셨고, 부모님께서 건설 현장에서 일하시는 것을 듣고는 고개를 끄덕이셨다. 엄마는 그렇게 '50원 대출' 사건 이후로 두 번째로 선생님과 면담을 하셨다. 선생님의 이해에도 불구하고 내 점수는 정정되지 못한 95점. 그렇게 나는 가정을 넘어 '세상'이라는 울타리 밖을 조금씩 보게 되었다.

좀
씻고 다녀라

어린 시절, 어지간하면 별명 하나쯤은 다들 가지고 있다. 이름이나 외모에서 추출된 별명은 유치함의 원액이다. 대부분 그런 별명은, 본인은 싫고 상대는 부르며 즐거워한다. 나 역시 그런 별명이 있었다. 별명이 많은 편은 아니었지만 몇 안 되는 별명이 모두 유치의 끝판왕이었다. 이름에서 생긴 별명은 '재떨이', 외모에서 생긴 별명은 '아프리카 검둥이', '깜상', 뭐 이런 것이다. '재떨이'는 너무 유치해서 기분도 안 나쁜데 피부색으로 생긴 별명은 약점으로 느껴졌나 보다. 많이 아프고 힘들었다.

이웃집 누나는 "재철이 아빠는 새아빠"라고 말하고 다니기도 했다. 친

아빠는 아프리카에 살고 있는 흑인이고, 지금 아빠가 새아빠라 굳게 믿고 있었다. 의혹 제기 수준이 아니라 확신이었다. 하지만 누나는 나를 놀리거나 모욕할 의도는 없는 것으로 보였다. 진짜 그렇게 믿고 있었고 누나에게 그것은 진실이었다. 우리 가정에 복잡한 사연이 있다고 생각하는 듯했다.

"재철아, 잠깐 여기 좀 와봐."

마당 수돗가에 앉아 있는 누나가 내게 손짓했다. 손에는 수건이 들려 있다. 시키는 대로 옆에 쪼그려 앉았더니 갑자기 나를 씻기기 시작했다. 처음에는 물로, 다음에는 비누로, 그래도 뭔가 성이 차지 않았는지 갑자기 수세미를 들었다. 그리고 내 얼굴과 손을 닦기 시작했다. 정말 아팠다. 그렇다. 누나는 자신의 신념이 사실인지 아닌지 확인하고 싶었던 것이다. 성경의 도마 같은 누나. 그걸 수세미로 문질러 봐야 아냐?!

"어? 안 바뀌네?"

나를 씻기며 무엇을 기대한 걸까? 누나의 갑작스러운 행동에 아픔보다 더 큰 괴로움과 부끄러움으로 눈물이 났다. 그대로 엄마에게 달려갔다. 엄마는 나를 다독이고는 누나를 불러서 뭔가 이야기를 나눴다. 누나는 뭔가 새로운 것을 알았다는 듯한 표정으로 고개를 끄덕였다. 뭐라 말했는지 모르겠지만 누나를 혼내지 않는 엄마가 더 야속했다.

학교에서 신체검사하는 날. 탈의가 있어야 했기에 남자들은 팬티만 남기고 다 벗었다. 보기 좋은 몸은 아니지만, 굳이 못 벗을 이유도 없었기에 홀러덩 망설임 없이 벗었다. 그런데 선생님이 부르셨다. 뭔가 불편하고 불안한 느낌이 엄습했다.

"신재철, 너 좀 씻고 다녀라. 이게 뭐니?"

아, 또 내 피부가 문제였다. 엄마의 표현대로라면 내 피부는 그냥 검은색이 아니라 '때처럼' 검다고 하셨다. 얼룩덜룩한 느낌이라나? 나는 그렇게 또 안 씻는 아이, 집에서 관리가 안 되는 아이가 돼 버렸다. 어려운 마음에 설명도 잘 못하고 바보가 돼 버렸다. 그리고 우리 엄마는 또 선생님의 호출을 받았다. 학교로 불려온 엄마는 난감하지만 친절한 모습으로 선생님께 상황을 설명했다. 마치 누나에게 설명하던 그 모습과 같았다. 싸워 주지 않는 엄마가 괜히 또 야속했다. '매일 검게 그을려 돌아오는 아버지를 닮아 이런 걸까?' 내 피부 색깔이 너무 싫었다.

아빠의 일터(1) :
새참과 낮잠

하루는 아빠의 일터에 따라갔다. 사람들은 아빠를 '뺑기쟁이'라고 불렀다. 내가 태어나기 전에는 서울에서 영사기를 돌렸다는데, 그때는 고향에서 페인트칠을 하셨다. 아빠의 일터에는 위험하고 지저분한 것들로 가득했다. 바닥에 온갖 공구와 신문지가 뒹굴었다. 축축한 시멘트와 기름(시너) 냄새, 그리고 바닥에서 올라오는 냉기. 아빠의 일터는 그랬다.

국민학생 어린 아들이 아빠 따라 그곳에 왜 갔을까? 그곳에는 생각보다 재미있는 것이 많았다. 벽의 위, 아래 다른 색을 칠하기 위해서는 정확한 경계선이 필요했는데, 긴 먹줄을 양 끝에서 잡아당긴 후 살짝 튕기면 반듯한 선이 그어졌다. 처음 보니 조금 신기했다. 먼지가 쌓인 수건을 뒤집어쓴 엄마의 명령에 따라 문틀 하나를 붙잡고 곱게 사포질을 했다. 사포질한 나무에 벌레 먹은 듯한 작은 구멍이 보일 때 진흙 같은 것을 살짝 넣어 다듬으니 감쪽같았다. 아빠는 그것을 '빠대질'이라고 하셨다. '아마도 현장에서 쓰는 일본말이겠지?' 대강 눈치껏 거친 면을 다듬고 구멍 난 곳을 메꾸는 작업 정도로 이해했다.

"새참 먹고 해요."

이런저런 소소한 손질로 아빠 엄마를 돕고 있으면, 어느덧 그 시간이 왔다. 내가 그곳을 따라간 것은 효심이 아니었다. 함께 작업하는 삼촌과 아저씨들이 기특하다며 칭찬을 하셨지만, 내 목적은 다른 것에 있었다. 점심 전에 건물 주인 아저씨가 비닐봉지를 들고 오셨다. 그 안에는 쿨피스, 우유, 빵이 가득했다. 아저씨의 호탕한 웃음만큼 간식을 보는 내 마음도 만족스러웠다. 어른들은 간식을 '새참'이라 불렀다. 봉투 안에는 크림빵도 있고, 팥빵도 있었다. 우선권은 막내인 나에게 주어졌다. 오늘은 팥빵, 내일은 크림빵. 최고의 즐거움이었다. 새참을 먹고 두어 시간이 못 되어 점심시간이 되었다. 주변 식당에서 역시나 만족스러운 식사가 이어졌다. 그리고 점심 식사 후 어김없이 찾아오는 두 번째 행복이 있었다.

"좀 쉬었다 합시다."

현장에서 점심을 먹고 나면 아빠 엄마는 물론이고 삼촌들까지 전부 현장 바닥에 적당한 것을 깔고서 30분에서 1시간을 주무셨다. 밥 먹고 바로 일하면 힘이 나서 일이 잘될 줄 알았는데 배가 불러 일하기가 힘들다고 했다. 그 시간이 되면 나도 능숙했다. 주변에 널브러진, 가능한 한 깨끗한 종이 상자를 펴 자리를 만들었다. 시멘트 바닥 위에 깔린 종이 매트는 제법 푸근했다. 그렇게 나는 달콤한 낮잠을 청했다. 아빠가 낮잠 종료를 알릴 때까지….

일하는 것에 비해 누리는 것이 많은 듯해 죄송함도 있었지만, 나는 종종 따라가는 아빠의 일터가 참 좋았다. 아빠 엄마와 종일 같이 있고, 맛있는 새참을 먹고, 달콤한 낮잠이 있었기 때문이다. 박스 냄새 맡으며 기분 좋게 잠들던 그 시간이 그립다.

아빠의 일터(2) :
지붕 위의 아빠

학교 수업 끝나고 돌아가는 길은 별로 재미가 없었다. 늘 보던 시골 풍경과 익숙한 모습은 지루함을 더했다. 뭐 재미난 게 없을까를 고민하며 걷던 중, 번뜩이며 떠오르는 것이 있었다.

'그래, 아빠가 일하는 곳에 가보자!'

아빠는 온 동네 페인트 일을 도맡아서 하셨다. 군청도, 파출소도, 단독주택도, 빌라도 전부 우리 아빠가 했을 것이라는, 확실하지는 않으나 그런 믿음이 있었다. 그래서 동네를 누비며 걸을 때 건물의 페인트 상태를 보는 버릇이 생겼었다. 우리 아빠가 칠했을 것 같아 자꾸 눈이 갔다. 그렇게 걷다 보면 종종 어른들이 나의 정체를 물어보곤 하셨다. 그럴 때면 망설임 없이 내 소개를 했다.

"종합페인트, 신희목 사장님이 우리 아빠예요!"

특이한 내 소개에 웃으며 고개를 끄덕이시는 모습을 보고 '우리 아빠가 유명하긴 한가 보다.'라고 생각했다. 그렇게 나는 이곳저곳을 걸으며 아빠가 계실 공사 현장을 찾았다. 분명, 이 근처에서 일하신다는 이야기를 들었다. 정확히 알지도 못하는 현장을 찾아 기웃거리며 시멘트가 드러나 있을 공사 현장을 찾았다.

'찾았다!'

오래지 않아 지붕 위에서 긴 장대 롤러를 가지고 작업하는 아빠가 보였다. 시커멓게 탄 모습이 멀리서 보기에도 고생스러웠다. 땀범벅에 표정도 무거웠다. '안쓰러움을 가져야 할까?' 싶었지만 내 몸과 표정은 반대로 반응했다. 밝게 웃으며 손을 흔들면서 큰 소리로 아빠를 불렀다.

"아빠!"

현장으로 뛰어가 일하는 삼촌과 인사를 하고 '새참'으로 나왔을 빵도 얻어먹으니, 지루하지 않은 하루를 만들어 내기에 충분했다. '역시 현장은 이 맛에 오는 거지.' 어린 시절, 나는 아빠의 일터가 참 좋았다.

시간이 조금 지난 후 아빠의 마음을 다른 분을 통해 듣게 되었다. 아빠의 친구들은 대부분 현장 일을 하셨다. 폼나는 정장이 아닌 작업복, 스킨 향이 아닌 땀내가 아빠와 친구들의 모습이었다. 그런데 종종 자녀들이 지나다가 현장에서 일하는 아빠를 보면 모른 척하며 길을 돌아간다는 이야기. 그래서 아빠의 친구들은 속이 상하면서도 미안해진다고 하셨다. 그런데 지붕에서 땀 흘리고 있는 아빠를 발견하고, 반갑게 현장으로 뛰어오는 내게 고마웠다는 이야기를 전해 듣게 되었다.

'에이~ 멀 그런 걸로...' ^^

나이는 어렸지만, 아빠가 왜 위험하고 냄새나는 곳에서 일하시는지 알았다. 그렇게 고생하셔야 내가 좋아하는 고기도 먹고, 간식도 먹을 수 있었다. 내 가방에서 덜그럭거리는 변신 필통도 아빠가 흘린 땀이었다. 학교에서 배우기를 피부색은 멜라닌 색소 영향이라고 했지만, 아무리 봐도 멜라닌과 무관할 것 같은 아빠의 검은 피부가 내게는 훈장처럼 매우 자랑스러웠다.

행복한
밥상

어떤 모임에 처음 가게 되면 서로를 알아 가기 위해 던지는 질문이 있다. 주로 MT나 수련회 때 둥글게 모여 공통의 질문에 응답하는 형식이다. 질문 내용은 대동소이했던 것 같다. 아마도 상대의 최고점과 최저점, 그리고 변곡점을 알면 한 사람을 알 수 있다고 여겼던 것 같다.

"당신의 인생에서 가장 좋았던 기억은?"
"당신의 인생에서 가장 힘들었던 기억은?"
"당신의 삶을 변화시켰던 사건은?"

원활한 진행을 위해 시간제한을 두지만 대부분 시간을 지키지 못한다.

평소에 말도 없던 녀석이 인생을 펼쳐 놓기 시작하면 반가움보다는 몸이 뒤틀리는 고문이 된다. 원활함을 위해 세워진 진행자가 아무리 신호를 줘도 '직진'이다. 간결하게 자신을 소개할 수 있는 사람이 얼마나 말 잘하는 사람인지를 알 수 있다.

내 순서가 되었다. 몇 번이나 같은 이야기를 했을까? 이미 내 이야기를 몇 번이고 들은 사람들이 있었다. 하지만 앞에서 듣는 사람의 상황을 배려할 생각이 없었다. 길어지는 시간에 몸부림치는 그들은 안중에도 없었다. 미안하지만 할 말이 멈추지 않았다. 왜? 이야기하는 그 순간이 너무 행복했으니까. 나는 다시 타임머신이라도 탄 듯 그 시간으로 빠져들었다.

내 인생에서 가장 행복했던 기억은 키가 아주 작았던 어느 날로 돌아간다. 별반 다를 것 없는 일상이었지만 그날의 행복은 지금도 잊을 수가 없다. 나는 이른 아침 눈을 뜨면 자리를 옮겨 아빠의 옆자리로 파고들었다. 엄마는 이미 일어나 아침을 준비하셨고, 엄마가 누웠던 자리는 나의 2차 수면 아지트가 되었다. 이부자리에서 엄마와 아빠를 모두 느낄 수 있는 명당이었다. 그렇게 다시 잠이 들고 얼마나 지났을까?

"칙, 칙, 칙"

압력밥솥의 김새는 소리에 다시 눈이 떠졌다. 동시에 후각도 살아났다. 복잡한 음식 냄새를 본능적으로 구분하며 아침상을 상상하곤 했다. 칼칼한 된장찌개, 노릇하게 구워지고 있는 고소한 고등어, 살이 통통하게 오른 아삭한 콩나물, 터지지 않은 노른자까지 잘 익은 달걀, 새콤하게 익은 김치. 이부자리 옆 동그란 스테인리스 밥상에 수저만 올려 있지만 내 머릿속에는 행복한 상차림이 이미 끝났다.

고된 하루가 시작될 아빠, 나와 종일 땅 파며 구슬치기할 동생, 그리고 분주한 우리 엄마. 하늘이 내게 주신 최고의 선물이었다. '조금만 더 눈을 감고 기다리면 상상하던 밥상이 현실이 되어 있겠지?' 즐거운 상상과 더불어 아빠 옆에서 조금이나마 억지스럽게 잠을 청했다. 밥솥의 말 수는 점점 더 많아졌다.

나는 남자니깐!

"피아노 배울래? 태권도 배울래?"

친구들은 유치원이나 학원을 다니면서 국민학교 입학 전부터 뭔가를 시작했다. 동네 친구들의 변화에 나도 고민이 되었다. 가방을 메고 어딘가를 다니는 친구들이 부럽기도 했고, 바빠진 친구들 때문에 조금은 심심했다. 나만의 고민은 아니었다. 엄마의 진지한 물음에 나도 진지해졌다.

피아노 치는 남자가 될 수 있었다. 태권도 하는 박력 있는 남자도 가능했다. 뭔가 도시적인 느낌을 주는 유치원생이 될 수도 있었다. 잠시 행복한 상상을 하며 고민하다가 결정을 내렸다. 피아노 치는 남자는 뭔가 쑥스러웠다. (왜 그런 생각이 들었을까?) 그래서 피아노는 패스! 매일 가방을 메고 끌려다니는 유치원생은 뭔가 좀 즐겁지 않을 것 같았다. 그래서 남자다움을 선택했다. 전화기 앞에서 진지하게 질문하시는 엄마 옆에는 두꺼운 전화번호부 책이 있었다. 엄마는 바로 전화번호부를 뒤적이며 어딘가로 전화를 거셨다.

'관원 상담'

태어나서 처음 가보는 낯선 장소. '태권도장'. 습한 나무 냄새가 나고 쿰쿰한 땀 냄새가 배어 있는 공간이었다. 밖은 볕이 쨍쨍한데 여기는 뭔가 음습했다. 벽에 붙어 있는 '관원 상담'이라는 글자가 눈에 크게 들어왔다. 문을 열고 들어간 사무실에는 흰 도복을 입은 한 남자가 앉아 있었다. 머리카락이 좀 길었다. 엄마보다 조금 짧은 정도? 그리고 엄청 말이 많았다. 엄마는 관장님이라고 불리는 그분을 향해 인사하라고 했다. 평소 예의 바른 나인데, 그때는 왜 그랬을까? 남자다움을 보이고 싶었을까? 이 음습한 기운을 떨어 버리고 싶었을까? 카랑카랑한 목소리에 격한 경상도 억양으로 관장님께 첫인사를 건넸다.

"니가 관장이가?"

그렇게 태권도와 연을 맺게 되었다. 친구들이 유치원 갈 때 나는 태권도장에 가서 한글을 익히고 구구단을 외웠다. 쾌적하지 않은 나무 바닥을 구르며 공부하고, 공중에 매달려 있는 샌드백을 치며 하루를 보냈다. 그 시간을 보내고서 국민학교를 입학하니 나는 독보적인 존재가 되어 있었다. 1학년이 1품이었다. 장기자랑에서 태권도, 체육대회 시범단에서도 태권도, 심지어 '군체육대회' 최연소 태권도 시범단이 되어 가장 앞에서 시범을 보이기도 했다. 그 후 태권도장은 국민학생 회원으로 부흥되었다. 내 영향이 꽤 컸다는 이야기를 들었다.

그 후의 이야기

그렇게 30년이 흘렀고 다시 찾은 고향 태권도장은 더 이상 냄새 나는 공간이 아니었다. 시설이 깨끗했다. 긴 머리 관장님은 계시지 않았고, 지금의 젊은 관장은 그의 제자라고 했다. 나도 그분의 제자였으니 '사형 사제'인가? 엉뚱한 생각에 웃음이 난다. 그때보다 작아진 샌드백을 툭툭 건드려 보고, 나의 아들들과 바닥을 굴러 보았다.

나는 3품 심사를 앞두고 '겨루기'가 두려워 태권도를 그만두었다. 최연소 3품이 될 것이라며 흥분하던 관장님, 기대하던 부모님의 모습이 아직도 선하다. 하지만 나는 포기했고 아쉬움이 컸는지 30대 중반이 되어 태권도를 다시 시작했다. 결국, 3단 자격을 얻게 되었다. 도복을 입고 운동하러 다녔던 나의 영향을 받아서일까? 나보다 더 어린 나이에 태권도를 시작한 아들 둘은 이미 4품, 3품이다. 제법 품새 자세가 괜찮다. 그리고 관장님을 대하는 태도도 나보다 깍듯하다. 우리 아이들의 품증과 도복 입은 모습을 살짝 찍어 보았다. 이제는 노인이 된 나의 사부, 관장님께 사진을 전송했다. 몸이 편찮으시다는 소식을 들었기에 큰 기대가 없었는데 돌아온 답문에 마음이 뭉클했다.

"재철이 어릴 적처럼 아주 멋지네."

짝사랑?
첫사랑?

짝이 자꾸만 신경 쓰였다. 특별히 예쁘지는 않았다. 새침함에 다가가기도 불편한 친구였다. 하지만 늘 깨끗하고 단정한 모습에 자꾸 눈이 갔다. 나와는 삶의 결도 달라 보이는 아이였다. 아빠는 공무원이고 양복을 입고 다녔다. 언제였던가, 그 아이 생일에 집으로 초대받은 적이 있었다. 그때는 너무 기뻐 심장이 터지는 줄 알았다. 초대받은 소수에 내가 들어가다니! 친구의 집은 예쁜 양옥집이었는데 잔디가 깔린 마당에 예쁜 테이블이 인상적이었다. 텔레비전에서 보던 미국 부잣집처럼 보였다.

어쩌지? 아마도 이 아이를 좋아했던 것 같다. 시험을 보면 서로 1등, 2등을 주고받는 경쟁 관계였지만 시샘 따위는 없었다. 주변 친구들은 둘 중에 누가 1등을 하게 될지 관심을 보였지만 내게는 별로 중요하지 않았다. 그 친구가 1등 해도 불편한 마음이 전혀 없었다. 아니, 오히려 내가 1등 했을 때 그 아이가 시무룩해지는 모습이 더 불편했다. '차라리 2등이 속 편하지.'

하늘의 도움이었을까? 그 아이와 짝이 되었다. 우린 제법 품격 있는 커플이었다. 여느 아이들처럼 다투는 일이 없었다. 책상에 선을 긋고 넘어오면 어찌 해 버리는 그런 유치함은 없었다. 가방을 올려두고 시험을 볼 때도 서로의 것을 훔쳐보는 일이 전혀 없었다. 아주 평화로운 학교생활이었고 학교 가는 길이 즐겁기만 했다. 그런데, 우리에게 평화는 있었을지언정 우정과 사랑은 없었다. 그냥 아는 사이? 내가 느끼기에 서로 불편하지 않은 존재였을 뿐이었다.

"너를 처음 만난 날, 소리 없이. 밤새 눈은 내리고." ♪

이른 아침, 자습하며 교실에서 공부를 하고 있었다. 연필을 쥐고 책을 보고 있었지만 작은 소리로 노래를 흥얼거리며 나름의 감상에 젖어 있었다. 얼마 전에 들었던 노래인데 너무 좋아서 한동안 계속 입에서 흘러나왔다. 이제 겨우 열 살인 소년에게 이런 감미로운 발라드는 어떤 의미가 있었을까? 잘 모르겠다. 하지만 그 아픔까지 사랑한다는 애절한 그 가사가 좋았다. 마치 당시 내 모습, 내 마음과 같았다.

"끝도 없이 찾아드는 기다림" ♪

"사랑의 시작이었어~" ♪

어? 내가 부른 소절에 이어 그 아이가 노래를 따라 불렀다. 서로 약속된 것도 없었는데 주거니 받거니 1절이 끝나도록 노래를 이어 불렀다. '지금'의 상황이 어떤 영화보다 내게는 아름다웠다. 그리고 너무 행복했다. 1분도 못 되었을 이 시간이 평생의 기억에 남게 될 줄이야. 부를 때는 서로를 바라보지도 못했는데, 1절이 끝나고 서로 마주한 시선에 둘 다 머쓱해졌다. 그리고 친구는 내게 웃어 주었다.

이제는 밤마다 듣던 슬픈 발라드를 듣지 않아도 될 것 같았다. 밝고 즐거운 노래를 내 인생에 삽입해도 될 것 같았다. 나만의 '그린 라이트'를 꿈꾸며 학교생활은 더욱 즐거워만 갔다. 그렇게 3학년이 끝나가던 어느 날. 선생님께서 종례 시간을 통해 이별을 통보하셨다.

"주목! 민지가 대구로 전학을 가게 됐어."

첫사랑이었을까? 짝사랑이었을까? 그렇게 그 아이는 공부를 위해 큰 도시로 떠났다. 연락처도, 주소도 알 길이 없었다. 또 다시 슬픈 발라드의 주인공으로 나만 남겨졌다. 혼자 부르는 노래가 조금은 쓸쓸했다.

행복한 꼴찌

시골 초등학교 마을 운동회는 동네잔치였다. 일단 먹을 것을 파는 분들이 몰려왔다. 커다란 통에서 퍼주시는 아이스크림, 거뭇거뭇한 번데기, 머리통 만한 솜사탕까지. 평소에 먹지 못하는 간식을 볼 수 있고 먹을 수 있었다. 부모님은 물론 할아버지 할머니까지 나오셔서 함께 즐기는 동네잔치였다.

우리 학교는 자체적으로 운영되는 '고적대'가 있었다. 각종 악기의 조합도 볼거리지만 가장 선두에 위치한 '고적대장'은 시선을 쓸어 갈 정도의 매력이 있었다. 뾰족한 봉을 흔들며 리듬을 맞추는 모습이 정말 멋있었다. '고적대장' 누나의 미모는 늘 학교의 원탑이었다. 멋진 복장과 음악에 맞춘 씩씩한 행진은 모든 사람의 박수를 받기에 충분했다. 지금 생각해 보니 '초등학생이 저런 음악을 어떻게 만들어 낼 수 있었을까?'라는 의문이 생기기도 한다.

더욱 신나고 신기한 순서는 '차전놀이'였다. 커다란 기구를 만들어 장수 복장을 한 사람이 기구에 올라타 선두에서 진두지휘하며 두 진영이 싸움을 하는 놀이였다. 직접 보지 못한 사람은 상상이 되지 않을 듯하다. 놀이의 규칙도 잘 모르면서 수십 명의 사람들이 모여 커다란 장비를 들고 부대끼는 재미난 모습에 박수를 마구 쳤던 기억이 난다. 그 모습을 보며 임진왜란의 한 장면이 이와 같지 않을까 생각을 해봤다. 지금 생각해 보면, 어린아이들이 연습하고 보여 주기에는 너무 위험한 것 아니었나 싶은 생각도 들 만큼, 그때 아이들은 정말 강했다.

운동회를 즐기다가도 가장 긴장을 하게 되는 순서는 '100미터 달리기'다. 경쟁이 있고 순위가 결정되었기 때문이다. 결승 지점에서 손에 찍어 주는 숫자에 따라 상품과 부모님의 대우가 달라졌고, 어떤 아이는 부모님께 등짝을 맞기도 했다. 달리기를 그리 못하지 않았던 나도 무척이나 긴장되는 시간이었다. 줄을 지어 쪼그려 앉아 대기하는데 옆 친구가 신경 쓰였다. 적당히 긴장한 아이들은 평소보다 더 재잘거리며 떠들고 있는데, 이 친구는 말없이 숙인 얼굴빛이 꽤나 어두웠다. 어디가 아픈지 불편한 상황을 물어봤다.

"달리기만 하면 내가 맨날 꼴찌라서, 너무 싫고 무서워."

친구의 답을 듣고 잠시 고민했다. 반장이니만큼 가능하면 친구들의 고민을 해결해 줘야 했다. 그래서 결심했다.

"재훈아, 걱정하지 말고 뛰어. 내가 같이 뛰어 줄게."

내 말의 뜻을 다 이해하지 못했는지 친구는 계속 긴장한 상태로 출발선에 서게 되었다. 화약의 거친 소리가 울리고 우리는 초등학생에게 제법 긴 거리를 전력으로 뛰기 시작했다. 친구는 정말 느렸다. 다리도 팔도 같이 느리게 움직였다. 나는 일단 친구와 보조를 맞추었다. 가만 보니 그냥 두면 이 친구의 꼴찌가 확실했다. 친구와 어깨를 나란히 하며 포기하지 말고 달려 보자고 말을 건넸다. 앞선 친구들은 이미 하얀 결승 테이프를 끊었고, 결승 지점에서 나를 기다리며 바라보시는 엄마가 묘한 표정을 지으셨다. 아무리 봐도 아들이 열심히 안 뛰는 것으로 보였을 것이고, 이해 못 할 순위로 달리고 있었으니 말이다. 이미 테이프도 사라지고 결승선도 여러 발자국으로 희끗했다. 어깨를 나란히 하던 친구에게 마지막 파이팅을 외치며 나는 한 발을 뒤로 뺐다.

태어나서 처음으로 달리기 꼴찌를 경험했다. 내 손에는 숫자 8이 찍혔다. 머쓱하게 엄마와 마주했고, 엄마의 눈빛은 내게 상황 설명을 요구하는 듯 보였다.

"친구가 꼴찌 하기 싫다고 해서요. 그래서 대신 꼴찌 했어요. 죄송해요."

엄마가 꼭 안아 주셨다. 솔직히 혼날 줄 알았는데, 엄마가 등을 두드려 주시며 잘했다고 칭찬해 주셨다. 사실 당시에는 정확히 뭘 잘했는지 몰랐는데, 기분이 나쁘지는 않았다. 꼴찌도 행복할 수 있음을 알게 된 즐거운 운동회였다.

재철이 건드리지 마!

태어나면서부터 친구! 내게는 그런 친구가 있다. 애초 부모님들끼리 친구였기에 우리는 엄마에게 안겨 있을 때도 친구로 불렸다. 내 기억의 가장 처음부터 그 친구는 존재했다. 강변에서 더운 줄 모르고 땡볕 아래 이상한 것들을 함께 채집했고, 돌은 물론이고 이끼, 흙, 가재, 종종 이상한 벌레도 잡아다 함께 소꿉놀이 주방을 꾸몄다. 발바닥 아픈 슬리퍼를 끌며 돌밭을 재미나게도 누볐다. 때가 되면 친구네 집에 예쁘게 맺힌 앵두를 따 먹던 추억도 있다. 학교 가기 전까지 우리는 그렇게 둘도 없는 친구였다. (하긴, 유치원을 다니지 않던 내게 친구는 그다지 많지도 않았지만….)

우리는 함께 어엿한 국민학생이 되었다. 비록 반은 갈라졌지만, 그 친구는 우리 반을 줄기차게 드나들며 존재감을 드러냈다. 길지 않은 쉬는 시간인데, 찾아와서는 이런저런 말로 재잘거리던 아이. 목소리도 웃음소리도 커서 1학년 여자아이가 어떻게 이렇게 호탕할 수 있나 싶을 정도였다. 여하튼 반 친구들에게 그녀는 '재철이의 절친'이었다. 입학하고 나서는 친구를 다양하게 만날 수 있는 선택지가 생겼는데도, 여전히 그녀는 내게 거의 유일한 친구였다.

나는 그다지 매력 있는 사람이 아니었다. 키 작고, 깡마르고, 피부 톤까지 저 세상 레벨이었다. 하지만 주변과 평화롭게 지내기를 원해서 가능하면 친구들의 요구를 받아 주며 조용하게 지냈다. 다행스럽게도 학업 성적은 좋아서 친구들은 나를 '착한 재철이'로 불렀고 아이들과 잘 지내는 편이었다. 친구가 많아졌다. 오히려 이해할 수 없는 현상이지만 여자아이들에게 인기가 제법 많았다. 그런데 이것이 문제가 되었다. 어느 쉬는 시간, 교실 문이 '드르륵' 갑작스럽게 열리더니 그 친구가 교탁 옆에 서서 일갈을 외쳤다.

"야! 신재철 내 거다. 아무도 건드리지 마라!"

목청은 어느 때보다 컸고, 얼굴은 약간 화가 나 있었다. 무슨 일이 있었는지는 모르겠지만 뭔가 불편했나 보다. 큰 사자후와 함께 그 친구는 우리의 관계(?)를 아이들에게 선포한 후 올 때처럼 갑작스럽게 사라졌다.

'이게 무슨 일인가!'

나는 너무 부끄러웠다. 내가 무슨 죄를 지었기에 이런 민망함을 겪어야 하는지 어리둥절했다. 반 친구들도 당황했는지, 아니면 그녀의 모습에 공포를 느꼈는지 나를 놀리지도 않았다. 집에 돌아온 후 엄마에게 상황을 이야기하며 울어 버렸다. 너무 부끄러워서 학교 가기 싫다고….

그렇게 35년이 지났다. 그 친구는 개그우먼이면서 훌륭한 방송인이 되었다. 유명 개그맨과 결혼 후 알콩달콩 살아가는 모습이 텔레비전에 종종 비친다. 방송에서 확인되는 여전한 입담과 목청에 절로 웃음이 났다. 전처럼 자주 볼 수는 없다. 오히려 인터넷 뉴스를 통해 친구 소식을 더 자주 접한다. 가끔 휴대폰 메시지와 전화로 소식을 알려 주는 친구가 고맙다. 카톡으로 전달된 메시지, 서른한 가지 이상의 맛을 줄 수 있다는 아이스크림 선물. 여전히 살뜰히 챙겨 주는 친구의 마음이 고맙다.

"날이 덥다. 조카들이랑 시원하게 아이스크림 먹어."

황금 샤프 :
내 것을 내 것이라 증명하기

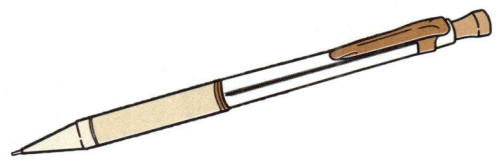

'생일의 꽃은 선물이다.'

지역마다, 시기마다 유행하던 선물이 있었다. 어린 시절 내 고향, 내 친구들 사이에서 유행하는 선물은 '샤프펜슬'이었다. 연필을 사용하던 국민학생이 어느 때가 되면 풀리는 금기 중 하나가 샤프의 허용이었다. 관리하지 않아도 늘 뾰족한 샤프는 저학년의 소망이었다. 연필에서 자유로워지는 순간 생일 선물의 인기 품목은 샤프가 되었다. 친구의 생일 초대를 받으면 문방구에서 플라스틱 케이스에 들어 있는 샤프를 구매했다. 문방구 아저씨가 무료 포장지 몇 종류를 보여 주시는 것 중에서 선택해 포장까지 하면 제법 멋이 묻어났다.

'은색으로 할까, 금색으로 할까?'

가장 인기 있는 샤프는 세 종류였다. 단순하면서 가장 저렴한 가격의 검정 샤프. 다만 담는 통이 없었다. 하지만 만만하게 사용하기에는 최고였다. 두 번째는 은색 샤프. 케이스도 있고 뭔가 고급스러웠다. 선물로 사용하기에 손색이 없었다. 세 번째는 번쩍이는 금색 샤프. 케이스는 당연하고 국민학생 선물용으로 과하다는 느낌이었다. 그리고 금색 샤프부터는 문방구 사장님이 서비스하시는 포장지도 다른 곳에서 나왔다. 수준이 다르다는 것을 직감할 수 있었다. 가장 큰 단점은 너무 비싸다는 것. 그래서 선물을 준비하는 대부분의 친구는 은색과 금색 사이에서 잠시 고민을 하곤 했었다. 하지만 절대다수의 선택은 은색! 금색은 '넘사벽'이었다. 주기도 힘들고 받기도 어려웠다.

내 생일날. 동네 빵집에서 만든 크림 케이크와 떡볶이, 김밥, 과자를 준비해 친구들을 초대했다. 좋아하는 친구들과 맛있는 것을 먹는 생일 파티는 가히 최고의 시간이었다. 그러나 거듭 강조하지만 생일의 꽃은 선물! 식순이 따로 없어서 타이밍을 잡지 못한 친구들의 선물이 하나씩 쑥스럽게 상 위로 올라왔다. 양말부터 조립 로봇까지 다양한 선물이 내 품에 안겼다. 그런데, 속을 알 수 없는 화사한 포장지로 싸인 한 물건이 눈에 띄었다. 포장지로 싸여 있지만 '샤프'라는 것을 알 수 있었다. 크기, 포장지 느낌, 적당한 흔들림과 소리. 딱 문방구 아저씨가 포장한 샤프였다.

친구들 보는 앞에서 포장지를 벗겼다. 충격이었다. 아무나 받지 못하고, 누구에게 주기도 어렵다는 그 '황금 샤프'였다. 그 친구가 나를 얼마나 아끼는지 알 수 있는 증거품이었다! '친구야, 고맙다!' 얼마간 이 샤프는 내게 보물이 되었다. 필통에서 가장 아끼는, 꼭 필요할 때만 꺼내 사용하는 귀중품. 학교에서 가장 착하고 너그럽다고 소문나 있던 내가 유일하게 빌려 달라는 요청을 거절하는 품목이 생겼다. 그런데…

"어? 어디 갔지?"

없어졌다! 어디에서나 눈에 띄던 황금 샤프가 사라졌다. 실수로 바닥에 떨어져도, 가방에 굴러다녀도 눈에 잘 보이던 녀석이 갑자기 보이지 않았다. 수업 시간 내 정신 줄을 놓고 있다가 쉬는 시간이 되어 본격적으로 찾기 시작했다. 바닥은 물론이고 가장 뒷자리의 쓰레기통까지 뒤져 가며 찾아보았지만 보이지 않았다. 넋을 놓은 듯한 나를 친구들은 이상하게 바라봤다. 어떤 친구는 걱정이 되었는지 안부를 묻기도 했다. 사연을 들은 주변 친구들의 도움까지 받았지만 결국 찾을 수 없었다.

'설마…'

그렇게 며칠 후, 어느 날. 어떤 친구의 손에서 반짝반짝 빛나는, 황금 샤프가 보였다. 아닐 것이라는 생각과 함께 혹시나 하는 마음으로 친구의 손을 자세히 보니 내 샤프였다. '이걸 어떻게 말해야 하나? 내 것이라 말을 어떻게 하지?' 많은 고민을 하다가 샤프가 내 것과 같다고, 혹시 주웠냐고 물었다. 주웠냐는 물음은 친구에게 베푼 기회이자 은혜였다. 친구는 갑자기 화를 내며 자기 것이라고 소리를 질렀다. 아니다. 분명 내 것이었다. 나는 알았다. 끝부분이 살짝 까져 황금색이 벗겨진 것까지 똑같았다. 내가 가장 불편해하는 말다툼을 샤프를 되찾기 위해 해야만 했다. 나름의 비장의 카드, 끝부분의 까짐을 이야기했다. 하지만 친구는 샤프를 보더니 자기 것도 이 부분이 벗겨졌다며 우기기 시작했다.

결국 나는 얼마 쓰지 못한 황금 샤프를 포기하게 되었다. '진짜 내 것 맞는데.' 하지만 설명이 안 되었다. 억울하고 답답한데, 당연한 것이 당연하지 못했다. '앞으로 살아가며 얼마나 이런 일들이 많을까? 그때마다 포기하며 살아야 할까?' 한동안 깊은 고민과 실의에 빠져 지냈다.

학교 괴담

전학 오기 전, 시골 학교에서 이상한 소문이 있었다. 밤 12시만 되면 교내 모든 동상이 움직이기 시작한다는 이야기였다. '세종대왕과 이순신 장군이 싸움을 한다, 책 읽는 소녀의 책장이 넘어간다, 해태 동상이 운동장을 뛰어다닌다.' 실체를 확인할 수 없는 이야기가 아무렇지 않게 아이들 입을 통해서 전해졌다. 얼마나 오래된 소문인지 확인조차 어려웠다. 이야기를 들을 때 잠깐의 오싹함은 있었지만, 관심이 지속되지는 않았고 해가 진 후 학교에 오지 않으면 될 일이었다.

그런데, 전학을 온 대도시의 학교에도 같은 소문이 돌았다. 내용은 대동소이했다. 동상이 움직이고 운동장은 또 다른 존재들로 시끌벅적하다는 이야기였다. 그새 머리가 좀 더 커서 그런지 의심이 더 크게 작용했다. 실체를 확인하고 싶은 호기심에 용기까지 더해졌다. '밤 12시가 되면 정말 우리 학교는 그렇게 변할까?' 사실이 아니라는 것을 확인하고 친구들에게 말해 주고 싶었다. 관심받고자 함이 아니라 친구들에게 사실을 알려 주고 싶은 마음이었다. 그 소문이 진짜든 아니든….

'그래, 한번 직접 확인해 보자.'

늦은 밤 찾아간 학교. 나는 진실을 찾아서 그곳에 갔다. 너무 캄캄했다. 북적이던 문방구와 오락실의 불도 꺼져 있었고, 학교에는 중앙 현관 불만 켜져 있었다. 주무시던 할머니에게 아무 말도 없이 나온 것이 조금 죄송스러웠지만, 그날 나는 꼭 '진짜'를 봐야만 했다. 여름인데도 몸이 떨렸다. 나도 그 이상한 소문을 믿고 있던 것일까? 빈 운동장과 스탠드, 그리고 동상의 적막함이 더 무서웠다. 차라리 술 취한 아저씨나 불량스러운 형들의 떠드는 소리라도 있었다면 덜 무서웠을 것 같은데…. '조금만 참자. 그러면 모든 것이 밝혀진다.' 마음을 다졌다.

12시!

여전히 고요했다. 스탠드에 혼자 앉아 있는 내가 누군가에게는 더 무서운 존재일지 모르겠다는 생각이 들었다. 내 옆의 동상도 그대로였다. 운동장에는 아무 움직임도 없었다. 가끔 바람에 움직이는 그네가 내 닭살을 돋우었지만 직접 다가가 그네를 흔들어 보고는 안심했다. 더 확실히 해야 한다는 생각에 주변을 어슬렁거려 봤다. 이제 제법 용기가 났을까? 학교 뒤편의 동물 사육장도 가보고, 자그마한 인공 호수에도 가봤다. 그렇게 한 시간을 보낸 후 아무 일 없었다는 듯 나는 집으로 돌아와 조용히 할머니 곁에 누워 다시 잠을 청했다. 정말 아무 일도 없었으니깐….

다음날, 나는 친구들을 불러 당당히 어제의 무용담을 나누었다. 밤 12시, 학교는 아무 일도 일어나지 않았고 심야의 학교는 생각보다 안전한 곳이라는 사실을 알렸다. 친구들은 황당해하며 나를 바라봤고 믿지 못하겠다는 눈치를 보였다. 믿지 않는 아이들에게 큰 소리를 낼 필요는 없었다. 어차피 내 말이 사실인지 아닌지를 학교에 찾아와 확인할 친구도 없을 테니, 나는 그냥 담담히 상황을 있는 그대로 이야기했고, 그저 내 할 일을 했을 뿐이었다. 학교의 이순신 장군님과 세종대왕님은 싸우지 않았다. 책 읽는 소녀는 내가 졸업 때까지 여전히 책장을 넘기지 못했다. 그렇게 학교는 밤새 안녕했다.

교회를
끊다

앞집, 방 한 칸에 혼자 사는 아저씨. 나는 그 아저씨를 '농협 아저씨'라 불렀다. 이유는 단순했다. 그 아저씨가 농협에 출근하고 있었기 때문이었다. 시골살이, 재미있는 게 별로 없었던 나는 자주 놀러 오라는 아저씨 말씀에, 그것이 민폐인 줄도 모르고 거의 매일 문을 두드렸다. 거기에는 맛있는 빵도 있고 뭔가 분위기 있는 음악이 흐르는 라디오가 있었다. 우리 집과 다르게 연탄 따위 아끼지 않는 훈훈함도 있었다. 뜨끈한 이불 위에서 뒹구는 여유는 어린 내게도 충분한 쉼이 되었다.

"재철아, 교회 가보지 않을래?"

농협 아저씨에게서 함께 교회 다녀 보지 않겠냐는 제안을 받았다. 한 번도 가본 적이 없는 곳이었지만, 두렵기보다는 뭔가 모를 설렘에 냉큼 엄마에게 허락을 받았다. 그렇게 나는 주일학교 예배를 참석하게 되었다. 교회는 농협 아저씨 방보다 더 좋았다. 친절했던 농협 아저씨 같은 어른들이 엄청나게 많았다. 화장품 향 짙었던 선생님(알고 보니 그 선생님은 화장품 방문판매 일을 하시는 분이었고), 뭔가 분위기 있게 양복 입은 부장 선생님, 앞에서 멋지게 노래 부르는 선생님까지…. 커다란 종이에 그려진 악보를 보며 큰 소리로 따라 부르던 노래도 재미났다. 교회에서 보고 들은 것을 집에 와서 재잘거리자 엄마는 100원을 주셨다. 예배에는 헌금이 필요하다는 말씀과 함께, 남들 다 하는데 가만히 있지 말고 꼭 헌금하라고 말씀하셨다. 교회에 다녔더니 100원이 생겼다. 그것도 매주…. ^^

매주 100원을 들고 향하는 교회. 중간에 잠시 오락실에 들러 50원은 오락 한 판하고, 남은 50원으로 헌금을 했다. '엄마 죄송해요.' (사실 하나님보다 엄마에게 더 죄송했다.) 마룻바닥에서 나는 것인지, 방석에서 나는 것인지 모를 그 냄새도 참 좋았다. "흰 구름 뭉게뭉게 피는 하늘에 ♪" 힘차게 한 곡 부르고 나면 맛있는 간식도 먹고 몇 명씩 모여 성경도 공부했다. 성경을 공부하는 시간이 내게는 제법 묵직하게 다가왔다. 부모님 따라 교회 나오는 친구들을 보면 설교든, 공부 시간이든 늘 장난스러웠다. 당시에는 전혀 이해가 되지 않았다.

'아, 믿음이 이렇게 자라는 것인가?'

시간이 흘러 교회 앞마당에 들어서는 내 발걸음은 당당했다. 능숙하게 신발장에 신을 넣고 방석을 깔고 앉아 기도했다. 기도 내용은 별거 없었다. '하나님, 저 왔어요.' 선생님이 그렇게 하면 된다고 하셨다. 그러다가 뭔가 대단한 아이들이나 하는 것으로 보였던 헌금 위원 순번에도 들어가게 되었다. 성경공부 시간에 선생님과 나누는 이야기도 많아졌다. 그렇게 교회 생활에 익숙해져 갔다.

교회 다니며 맞이하는 첫 성탄절, 우리 주일학교는 연극을 준비했다. 마구간에 오신 예수님 이야기를 친구들과 함께 연극으로 꾸며야 했다. 각자에게 배역이 주어졌다. 별거 없는 아기 예수님 역할(이 역은 진짜 그냥 누워만 있으면 된다.), 그냥 뒤에서 탈을 쓰고 서 있으면 되는 동물들, 동방박사, 목자들, 그리고 요셉과 마리아. 누가 봐도 주인공은 요셉과 마리아다. 어느덧 교회 인싸로 등극한 나는 배역에 욕심이 생겨, 요셉까지는 아니더라도 박사 역할 정도는 주어지지 않을까 싶었다. 하지만…

'동물 3'

내게 주어진 역할이었다. 얼굴도 나오지 않았다. 대사도 없었다. 그냥 탈을 쓰고 잘 서 있으면 되었다. 쓰린 속을 감추고 최대한 웃음을 장착하고서 첫 연습에 참여했다. 그리고 최선을 다해 일정을 소화했다. (나는 책임감이 강한 사람이니깐.) 그렇게 성탄 행사가 잘 끝나고 나는 교회를 끊었다. 더 이상 교회를 나가지 않았다. 많은 친구와 선생님의 연락에도 더 이상 교회에 가지 않았다.

'아, 믿음이 이렇게 별거 없구나.'

그 후의 이야기

고향을 방문할 때면 조용히 그 교회를 찾는다. 지금은 현대식으로 바뀐 예배당에 들어가 잠시 기도하고, 주변을 괜히 살피기도 한다. 어린 시절 추억 한 조각 있을까 싶은 마음일까? 그러다가 한번은 고향 교회 담임 목사님을 만나 초등학교 시절 1년 출석했던 주일학교 학생이었고, 지금은 목회를 하고 있다며 어색한 인사를 드렸다. 그 목사님은 내가 교회를 다닐 당시 부임하신 아주 젊은 목사님이셨는데 지금은 은퇴를 앞두고 있었다. 너무 어릴 적이라 이름도 모르는 농협 아저씨를 혹시 아시는지 목사님께 여쭈었다. 어디 계신지는 모르지만 지금 어느 시골에서 목회하고 있다는 소식을 듣게 되었다. 아… 그 아저씨가 보고 싶다. 꼭 감사 인사를 드려야 하는데….

둘째 이야기,

성도 그리고 사역자
"그 길을 걷다"

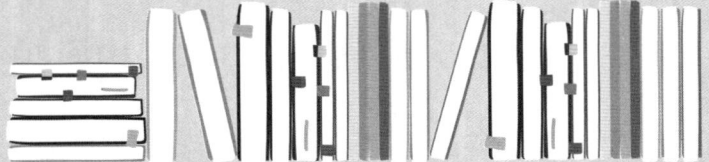

500원으로
시작된 삶

일요일 아침, 그날도 운동복 차림에 칫솔을 들고 동생과 목욕을 다녀왔다. 아주 어릴 적부터 이어 오던 패턴이었다. 늘 가벼운 걸음이었는데 그날은 그렇지 못했다. 고등학교 첫 수능 모의고사 결과를 받았기 때문이다. 중학생 때까지 버티던 성적이 기어이 무너지고 말았다. 중학교 때는 전교 10등에서 20등을 오갔었는데, 고등학생이 되어 받아든 첫 성적표는 반에서 10등이라는 숫자가 박혀 있었다. 늘 벼락치기로 성적을 유지하는 바람에 어느 정도 예상은 했지만, 너무 큰 폭으로 떨어져 믿어지지 않을 지경이었다. 내 인생이 끝나는 기분이었다.

나는 초등학교 6학년이 되던 해에 큰 꿈을 품고 부모님을 떠나 대전으로 왔다. 부모님은 내가 학교 선생님이 되거나, 경찰대학을 나와 간부가 되기를 원하셨다. 나도 부모님의 바람대로 화이트 칼라의 양복을 입고 출근하는 사람이 되고 싶었다. 노동자이신 아버지의 삶이 매우 고달파 보였다. 그래서 부모님도 나도 더욱 간절했는지 모르겠다.

당시 내게는 두 날개의 인생 성공 전략이 있었다. 첫째는 공부를 잘해서 꼭 성공하겠다는 것. 둘째는 도덕성을 지키며 성공하겠다는 것. 착실하게 공부해서 내 삶을 멋지게 만들어 내고 싶었다. 양복 입고 출근하며 예쁜 아내와 귀여운 아이들의 배웅을 받는 것? 아, 집은 밝은 톤의 아파트이면 좋겠다고 생각했다. 하지만 내 나이 열일곱에 벌써 한쪽 날개가 꺾여 버린 것이었다. 마치 추락하는 것만 같았다.

'다 끝났어...'

시험 한 번에 이런 바닥을 경험할 수 있구나. 고1, 4월의 어느 일요일은 그렇게 우울한 하루였다. 하지만 그날이 내 인생을 뒤집는 또 다른 하루가 될 것 역시도 예상하지 못했다. 평소보다 말없이 목욕탕에서 돌아오던 길, 동생은 영문도 모른 채 형의 눈치를 보는 듯했다. 거의 도착할 즈음 집 앞의 작은 교회에 눈이 머물었다. (늘 걷던 길이었는데…)

'여기에 교회가 있었나?'

갑자기 어린 시절 잠시 다녔던 교회가 떠올랐다. 교회 가자며 빵으로 나를 유혹했던 농협 아저씨, 종이 괘도에 그려진 악보를 따라 즐겁게 부르던 노래, 늘 좋은 향기를 내셨던 선생님. 내 기억에 교회는 좋은 곳이었다. '성탄 연극 연습을 하며 마구간 동물 역할이 주어졌던 섭섭함에 교회를 끊어 버리지 않았다면, 나는 계속 교회를 다니고 있었을까?' 갑자기 눈에 들어온 교회 때문에 생각이 많아졌다.

'교회 다녀 볼까?'

확정은 아니었지만 강한 끌림이 있었다. 동생을 먼저 집으로 돌려보내고, 나무 냄새 짙은 예배당으로 들어갔다. '왜 동생을 먼저 돌려보냈을까?' 여하튼 나는 강한 끌림에 이끌려 예배당 안까지 들어와 버렸다. 초등학생 아이들이 30여 명 모여 예배하는 중이었다. 가장 뒷자리에 앉아 그 모습을 바라보았다. 마치 내 어릴 적 모습을 보는 것 같은 즐거움으로 관객이 되어 버렸다. 그리고 헌금 시간, 봉사를 맡은 아이가 바구니를 들고 이리저리 친구 사이를 오가며 성실하게 자신의 임무를 수행하고 있었다.

그리고! 이 녀석이 가장 뒤에 있던 까까머리 고등학생인 나에게까지 와서 바구니를 내 앞에 들이밀었다. 그 의미를 나는 이미 알고 있었다. 예배 동참했으니 헌금하라는 무언의 압박이 전해 왔다. 나는 초콜릿을 많이 좋아했다. 큰 사각형 초콜릿이 당시 500원이어서 늘 주머니에 500원짜리 동전 하나 정도는 넣고 다녔다. 어김없이 내 운동복 주머니에 있던 500원. 고민은 생각보다 길었다. 그리고 당황하는 아이의 착한 눈을 피하지 못하고 500원을 헌금 바구니에 넣고야 말았다. 그제야 평안한 얼굴로 아이는 강단을 향해 돌아섰다.

'그래, 교회 다녀 보자!'

그렇게 신앙을 가슴 한 귀퉁이에 품기 시작했다. 그리고 신앙은 내 삶에 꺾이지 않는 날개가 되었다.

진짜 믿어지니?

500원 헌금 이후, 안내받은 청소년부 주일예배를 찾아갔다. 긴장과 함께 이유를 알 수 없는 흥분 상태에서 문을 열었다. 어린이 예배에서 보았던 남자 전도사님의 격한 환영이 나를 더욱 긴장시켰다. 전도사님의 환영으로 마음이 놓이면서도 한편에 긴장이 더해졌던 이유는 무엇이었을까? 주변을 둘러보니 내 또래 남자아이가 앞에서 기타를 치며 노래 부른다. 외모도, 기타도, 노래도 나이스했다.

'기타 치며 노래를 부른다?'

평소에 노래를 즐겨 부르던 나에게 이 친구는 너무 멋진 모습으로 각

인되었다. 흠모할 만했다. 그리고 긴 의자에는 중고등학생으로 보이는 아이들이 모여 앉아 앞에 선 남자아이의 가이드에 따라 노래를 부르고 있었다. 뭔지 모를 흥분에 자리에 앉게 되었다. 모르는 노래를 따라 부르고, 모르는 이야기를 듣게 되었다. 그래도 상식은 있었기에 주머니에 천 원짜리 한 장 들고 온 것으로 헌금 순서를 능숙하게 넘겼다. 문제는 사도신경이었다. 아주 어릴 적 외웠던 것 같은데 기억이 나질 않았다. 그래서 눈을 감고 조용히 친구들의 중얼거림을 듣는 것으로 OK.

"진짜 왔구나? 반갑다. 중고등부 담당 전도사님이야."

오전 주일학교 예배에서 만났던 전도사님과 예배가 끝나고 나서야 정식으로 인사를 나누었다. 당시 20대 후반? 인상은 좋았는데 잘생긴 분은 아니었다. 그리고 옆에는 예배 때 내 옆자리를 지켜 주셨던 중고등부 선생님이라고 소개해 주셨는데, 미소가 참 아름다운 분이셨다. 간단하게 내 소개를 하고서 주변에 있던 친구들과 인사를 나누었다. 유난히 동갑이 많은 교회였다. 한 살 어린 여중생들도 많았다.

"어? 오빠네? 반가워. 자주 봐."

내가 오빠라는 이름으로 불릴 수 있다는 것을 오랜만에 상기시켜 주었다. '아, 이곳에 오기를 잘했다.' 등록이라는 절차를 안내받고는 '1'도 고민하지 않았다. 이곳 패밀리가 되고 싶었다. 무엇인가 내 삶에 광명이 찾아오는 느낌이었다. 그렇게 흔쾌히 등록을 마친 후 전도사님께서 갑자기 진지한 톤으로 질문을 하셨다.

"혹시 사영리를 알고 있니?"

태어나서 한 번도 들어보지 못한 단어였다. 모른다는 내 대답에 전도사님은 나를 의자에 앉힌 후 옆에 앉아 작은 책자를 꺼내셨다. 글이 많은 것도 아니고, 길지도 않았다. '하나님, 예수님, 십자가, 관계.' 처음 듣는 이야기였다. 듣기도 하고, 생각도 하면서 같이 읽어 내려갔다. 그리고 마지막에 던져지는 물음.

"어때? 이 사실이 믿어지니?"

전도사님은 나에게 성경 이야기를 전해 준 것 같았다. 확신에 찬 목소리로 믿어야 할 것처럼 말씀하셨다. 그리고 나는 진짜로 믿어졌다. 오히려 전도사님에게서 소개받은 예수님께 감사와 사랑과 존경의 마음이 생겼고, 그런 분이라면 잘 따라보고 싶다는 생각마저 들었다. 전도사님의 물음에 '믿어진다'는 힘찬 대답을 드렸다. 전도사님은 매우 뜻밖이라는 듯 놀라셨고 재차 물으셨다.

"정말 믿어지니?"

믿으라고 지금까지 설명해 주셨던 분이 내가 믿는다고 한 말을 오히려 믿지 못하는 눈치셨다. 정말 믿어지고, 앞으로 더 잘 알고 싶다는 내 말에 전도사님의 눈은 점점 더 커져만 갔다. 그리고는 자신을 따라서 기도하자고 말씀하셨다. 전도사님의 음성이 미세하게 떨렸다. 그 떨리는 음성을 따라 나는 또박또박 반복하며 따라 했다. 그렇게 짧은 시간에 예수님의 매력에 빠지며 나는 드디어 '신자'가 되었다.

그 후의 이야기

당시 전도사님과 지금까지도 연락을 한다. 그분은 당시를 회상하시며 그 이후 나처럼 혼자 교회에 찾아와서 사영리를 소개받고 한 번에 영접하는 사람을 본 적이 없다고 하셨다. 사실 현재의 나도 사역을 하면서 그런 학생을 만나본 적이 없으니, 사람에게 믿음이 생긴다는 것 자체가 은혜임을 고백할 수밖에 없다. 하지만 확신 있게 전하고도 믿을 수 없다는 듯이 놀라던 전도사님의 그때 모습은 지금 생각해도 조금 우습기는 하다.

안 돼! (1) :
떡 사고 혼나다

신앙생활은 나에게 새로운 활력이 되었다. 성공이 전부라고 믿었던 나에게 다른 희망이 세상에 존재한다는 것을 알려 주었다. 하나님을 알아 가고, 예수님의 뜻을 살피는 재미가 독특한 즐거움이 되었다. 하지만 문제가 있었다. 나를 돌보시는 이모 입장에서는 나의 변화된 모습이 영 마뜩하지 않았던 것이다. 부모를 떠나 이모 손에 자라고 있었는데 공부에 집중하지 못하고(최소한 이모님의 시각에서는) 교회라는 곳으로 매주 출근하고 있으니, 여러모로 불편하셨으리라 짐작된다. 오르지 않는 성적, 잦은 외출로 결국 나는 '교회 출입 금지' 명령을 받게 되었다.

명령을 어기고 교회에 가려고 했지만, 가다가 걸리고 말았다. 나름 조심스럽게 간다고 갔는데, 아파트에서 내려다보면 교회 가는 모습이 보인다는 사실을 잊고 있었다. 더는 교회를 갈 수 없었다. '지금까지 어른들 말씀 잘 듣고 살았는데, 이번에도 말씀 잘 듣는 아이의 태도를 유지해야 할까?' 고민이 많았다.

'그래. 교회를 옮기자. 멀리 가자.'

큰 결단을 하게 되었다. 거짓말이 나쁘다는 것은 알지만 학교 간다는 핑계를 대고서 친구 아버지가 목회하는 교회로 옮겨 계속 신앙생활을 이어 갔다. 무려 버스로 한 시간이 넘게 걸리는 곳이었다. 하지만 신앙생활을 포기할 수 없었고 이 즐거움을 놓아 버릴 용기도 나지 않았기에 거리는 별 문제가 되지 않았다. 종점에서 거의 반대편 종점까지 가는 길이었다. 교회 가는 길은 생각보다 지루하고 졸렸다. 그날도 졸다 깨다를 반복하며 교회로 향했는데, 늘 그렇듯 하나님께서는 내려야 할 정거장에서 눈을 뜨게 하셨고 무사히 하차했다.

'어? 처음 보는 할머니네?'

버스에서 내려 마주하게 된 할머니. 인도에 쭈그리고 앉아 떡을 늘어놓고 팔고 계셨다. 평소 거리에서 물건 파는 할머니들의 채소를 종종 사드리곤 했기에 이때도 거리낌 없이 다가갔다. 어디서 사 오신 듯한 깔끔한 포장의 떡들이 줄지어 있었다. 할머니는 스포츠머리 고등학생에게 그다지 관심이 없었다. 내게 구매를 권하지도 않았지만, 나는 할머니에게 더 가까이 다가갔다. 오히려 내가 판매를 권했다.

"할머니, 이거, 이거. 얼마씩 해요?"

예상 밖의 손님이었을까? 할머니는 조금 커진 눈으로 나를 바라보셨다. 일부러 안 사도 된다는 말씀에 원러 떡을 좋아한다는 보호막으로 방어를 했다. 그리고 제법 많은 양의 떡을 비닐봉지에 담았다. 할머니는 다시 눈이 커졌다. 시골 어머니께 받은 용돈이 내 또래 친구들에 비해 적지 않았기에, 나는 종종 이렇게 부잣집 도련님 같은 씀씀이를 보이며 살고 있었다.

사실 떡을 좋아하기도 했지만, 저 떡이 다 팔리지 않으면 할머니가 집으로 돌아갈 수 없을 것이라는 생각에 조금 무리해서 샀다. 하지만 나도 먹고, 성가대도 나눠 먹고, 늘 신세 지는 목사님 댁에도 드리고. 그렇게 즐거운 상상을 곁들이며 푸짐한 봉투를 들고서 교회로 향했다. 교회와 붙어 있던 사택을 먼저 들러 봉투 하나를 내밀었다. 목사님을 향해서 내가 표현할 수 있었던 감사와 사랑이었다. 그러나…

"주일에 돈 쓰면 안 되는 거야."

전혀 생각하지 못했던 반응이었다. 고맙다고 하시거나, 좋아해 주실 줄 알았다. 아니, 오히려 할머니 도우려던 내 착한 마음을 칭찬하실지도 모른다고 생각했다. 그런데 나는 도리어 훈계와 질책을 받았다. 주변에 있던 사모님과 딸들도 목사님과 같은 생각이라는 것이 느껴졌다. '주일성수'에 관한 가르침을 들으며 불편한 기독교의 한 면을 알게 되었다. 기독교인으로 살면서 하지 말아야 하는 것이 많다는 것을 조금씩 알게 되었다. 생각이 많아졌다.

'사랑이 뭘까? 주일이 뭘까?'

안 돼! (2) :
선짓국이 뭔 죄야

공부 안 해도 피곤한 것이 고3이라던데…. 공감된다. 야간 자율학습, 일명 '야자' 시간에 몰래 이어폰으로 라디오를 듣고, 배가 고파 선생님 눈을 피해 학교 앞 떡볶이집에서 배를 채우던 나…. 여하튼 그때는 항상 피곤했다. 그날도 피곤한 몸으로 밤 10시가 넘은 시간에 봉고차에서 내렸다. 학교에서 돌아오는 거리가 멀었지만, 다행스럽게도 돌아오는 길은 버스가 아니라 친구들과 함께 봉고 차량을 이용했다. 그렇다면 고3의 피로를 무엇으로 풀었을까? 그것은 바로…

선지 해장국!

집 앞에 24시간 영업하는 해장국집이 내게는 회복의 장소였다. 크지도 작지도 않은 그곳은 언제나 인심 좋은 아주머니께서 자리를 지키고 계셨다. 교복을 입고 들어서는 나를 언제부턴가 익숙하게 반겨 주셨다. 처음에는 얼마나 이상하게 바라보시던지…. 하긴, 어린 친구가 혼자 그 밤에 교복 입고 해장국 한 그릇 하는 풍경이 그리 평범하지는 않았을 것이다.

"이모, 선지 해장국 하나 주세요."

국밥은 단출하지만 깔끔했다. 그리 비싸지 않은 가격에 든든하게 먹을 수 있어서 참 좋았다. 가끔 베어 무는 풋고추는 최고의 조미료가 되었다. 고3 스트레스가 세상을 일찍 깨우친 촉매제였을까? 옆에서 한잔 기울이는 아저씨들과 내 모습이 비슷해 보였다. 신앙? 가져 보았지만 역시나 삶은 고단하다고 느꼈다. 그렇다고 끊을 수는 없었다. 일단 예수님과의 의리를 지키고 싶었고, 내 삶의 영양제가 되어 버린 신앙생활을 끊어 버릴 만한 용기도 없었다.

그런데 얼마 후 고민이 생겼다. 주일에 돈을 쓰면 안 된다는 제재를 받고 나서 추가 제재가 들어왔다. 각자 어떻게 살아가는지 삶을 나누는 자리에서 나는 정직하게 일상을 나누었다. 눈치 볼 이유나 기준도 없었기에 나는 꽤 솔직했다. 그런데 '야자'를 끝내고 돌아오는 길에 주 2

회 정도는 국밥집에 들러 선짓국을 먹는다는 내 이야기가 교회에 큰 파란을 일으켰다. 진짜 몰랐다. 그것이 그리 중요한 문제가 될지…. 목사님은 내게 근엄하게 말씀하셨다.

"재철아, 믿음이 있는 자는 피 째 먹는 음식을 가려야 한다. 그것이 거룩한 삶이야."

아, 뭘까? 선짓국보다 목사님들 모임에서 드시는 개고기 수육, 탕 먹는 이야기가 내게는 더 불편했는데. 선짓국은 그 자체가 그냥 피다. 그런데 신앙은 그걸 먹으면 죄가 되니 포기하라고 나를 압박하고 있었다. 믿음은 뭔가 자꾸 내게 포기를 요구했다. 물론 이제는 '피 째 먹지 말라'는 구약의 말씀이 단순히 선짓국 금지로 읽히지는 않는다. 하지만 어른이 되어 보니 차라리 선짓국 포기가 낫지 않는가도 싶다. 영적 생활, 신앙생활, 제자의 삶은 선짓국보다 더 크고 많은 희생과 헌신을 요구한다는 것을 알게 되었다. 나이 40이 넘어서도 내 기도는 선짓국을 포기할 그때와 같은 아쉬움을 고백한다.

"주님, 뭔가 자꾸 안 해야 거룩해지는 건가요?"

술 권하는
교회 친구

'야간 자율학습. 학원. 교회. 집'

고등학생이었던 내 동선의 전부다. 누가 봐도 바른 학생의 모습 아닌가. 물론 나를 돌보고 계신 이모님 입장에서는 교회라는 곳이 늘 눈엣가시였겠지만. 그날도 나는 루틴에 충실했다. 부족한 과목을 메우기 위해 학원을 가고 있었다. 학원 빌딩 바로 앞에 작은 포장마차가 있었는데, 그곳은 어묵과 떡볶이도 있었지만 가볍게 소주 한잔 기울이는 사람들도 섞여 있는 곳이었다. 별생각 없이 바라본 포차에 익숙한 사람이 보였다. 그도 나를 보았고 내게 손짓했다. 그는 교회에서 찬양 인도를 하는, 여자 후배들에게 인기가 많았던, 늘 우러러보며 동경했던 교회 친구였다.

"어디 가? 한 잔 하고 가."

친구 주변에는 다른 교회 친구들도 있었고 청년부 형도 있었다. 정겹게 교제(?)를 나누는 모습에 더해진 술 한 잔이 내게는 너무 어색하게 다가왔다. 그냥 어벌쩡 핑계를 대며 자리를 피했다. 마치 내가 몰래 술 마시다 걸린 듯 얼굴이 뜨거워졌다. 친구들 표정은 정말 평온했는데 말이다.

교회에서 다시 만난 친구들은 여전히 평안했다. 찬양 인도를 하고, 헌금 위원을 하고, 대표 기도를 했다. '내가 문제일까?' 친구들이 누리는 극강의 평안이 이상해 보였다. 예배 후 사적인 교제들이 이어졌다. 어떤 아이들은 피아노 앞에 삼삼오오 모여 찬양을 부르고, 어떤 경건파 친구들은 지하로 내려가 기도를 했다. 집안 눈치를 보며 교회 다니던 내게는 그런 2부 행사가 쉽지 않았다. 서둘러 집으로 돌아가려는 내게 포장마차의 무리가 나를 불렀다.

"재철아, 우리 지금 민철이 형 집에 갈 건데, 같이 갈래? 잠깐 놀다 가라."

포장마차에서 모임을 주도하던 청년부 형의 자췻집에 가자는 친구의 권유였다. 부담도 있었지만 그래도 친구들과 어울리고 싶은 마음에 걸음을 함께 했다. 부엌 하나에 작은 방 하나. 그곳에 남자 여럿이 모였다. 익숙하게 어떤 것을 꺼내 입에 물었다. 단체 흡연이 시작된 것이다. 친구는 나를 챙기며 지난 번 소주 한 잔을 권했듯이 따뜻한 미소로 나에게 담배 한 대를 권했다. 머리가 좀 복잡했다. 신앙이 아니라도 술과 담배는 학생이 할 것이 아니라고 배워 왔는데, 내게 던져진 그 숙제를 어떻게 풀어야 할지 몰라 겸연쩍게 웃으며 거절하고서 적당히 어울리다가 집으로 돌아왔다.

나름 극강의 보호막을 치며 친구들의 문화를 거절했지만, 사실 나도 조금씩 변하고 있었다. 헐렁한 양복바지, 하얀색 셔츠. 머리에는 과한 무스. 당시 오랜만에 만났던 내 국민학교 친구들은 은근히 나를 멀리했다. 내가 좀 이상해졌다는 말이 옛 친구들 사이에서 돌았다는 이야기를 성인이 되고 나서야 듣게 되었다. "너 그때 완전 날라리였어." 어떤 친구의 직설에 웃음이 나온다. 그렇다. 나는 그렇게 교회 다니는 날라리가 되고 있었다.

흡연과 음주....

지금 생각해 보면, 그것이 신앙의 핵심은 아니지 싶다. 하지만 지금도 나는 이 두 가지를 하지 않는다. 누군가 목사라서 안 하냐는 질문을 한다. 틀린 말은 아니지만, 꼭 맞는 말도 아니다. 일단 맛도 없고, 돈도 들고, 건강에 유익하지 않음이 첫째 이유다. 굳이 신앙적인 이유를 꼽아 보자면, 많은 성경의 가르침을 다 따르지 못하는 부끄러운 모습, 적어도 이것만은 하지 않겠다는 결단이었다. 믿음으로 포장해 보지만 역시나 맛없는 것에는 유혹이 되지 않는다. 다행스럽게도….

피 흘리는 할아버지
그리고 며느리

머릿속이 복잡했다. 어느 고3, 열아홉의 고민이 가벼울 수 있겠냐마는, 역시나 내게는 내 고민이 가장 무거웠다. 기도할수록 무거워지는 마음, 복잡한 생각 때문에 하나님의 이끄심과 부담이 있었지만 결단과 정리가 쉽지 않았다. 딱 불순종의 몸부림이었다.

'신학대학을 가? 성적에 맞는 대학 들어 가서, 하고 싶은 일 하며 살아?'

야간 자율학습 후 종종 교회에 들러 홀로 찬양과 기도를 드렸다. 신학 대학에 가기 싫은 투쟁이라고 봐야 더 정확할 것이다. 어느 날 나의 깊은 밤 기도가 교회 노(老) 권사님 눈에 적발된 뒤, 나는 교회에서 세상

훌륭한 목사감이 되었다. 밤마다 홀로 기도하는 고3이라는 경건한 딱지가 붙어 버렸다. 기도할수록 한숨이 깊어지는 것은 왜일까? 믿음이 부족해서? 불순종의 불편함? 그렇게 그날도 불순종의 기도를 깊게 드리며 교회 문을 나섰다.

'밤 12시가 되었으니 집에 가야지.'

봄이 오는 듯했으나 아직은 너무 추워 교복 재킷을 여미고서 빠른 걸음으로 잠자리를 향해 갔다. 골목길 작은 슈퍼마켓은 아직도 불이 켜 있었다. 곧 문을 닫으시려는지 사장님은 밖에 늘어놓은 물건을 분주히 정리하고 계셨다. 골목이지만 차가 다니는 길이었기에 길가에 붙어 걷고 있는데 중앙에 무언가가 보였다. 조금 더 다가가 보니 사람이 주저앉아 있었다. 술에 잔뜩 취한 듯 중얼거림이 들렸다. '날이 춥고, 차가 지날 수 있으니 큰 사고가 날 수 있다.'라는 생각에 망설임 없이 다가가 할아버지의 상태를 살펴보았다.

"할아버지! 할아버지! 댁이 어디세요?"

술에 취한 것은 냄새로 쉽게 확인되었다. 넘어지셨는지 이마에는 상처와 피가 보였다. 빨리 모시지 않으면 무슨 사고라도 날 것 같아 댁이 어딘지 물었다. 잔뜩 취한 할아버지가 집을 잘 알려 줄 리 만무했다.

질문을 바꿔 전화번호를 물었다. 얼마나 혀가 꼬부라졌는지 한참을 실랑이하고 번역을 해내어 겨우 번호를 알게 되었다. 부담스러웠지만 그냥 길에 둘 수가 없어서 일단 등에 업었다. 아직 문이 열려 있는 슈퍼마켓으로 무거운 걸음을 옮겼다.

"아저씨, 전화 한 통 할 수 있을까요?"

사장님도 바로 상황을 이해하시고 가게 전화를 내어 주셨다. 다행히 가족과 연락이 닿았고 집 위치를 확인했다. 그런데 이상했다. 전화 받는 가족의 목소리가 차가웠다. 모시러 온다는 말 없이 위치만 설명한 후 전화가 끊어졌다. 마침 내가 다니던 학원 인근 골목이라 찾아갈 수 있을 것 같아서 다시 할아버지를 둘러업었다. 걸어서 1km 정도? 쉽게 생각했는데, 결코 가볍지도 가깝지도 않았다. 땀에 범벅이 되고 몇 번이나 쉬었다 가기를 반복해 끝내 집을 찾았다. 집에 돌아가지 않겠다는 할아버지의 몸부림에 애써 달래기도 하고 적당히 무시하기도 하면서 겨우 집에 도착했다.

문이 열렸다. 그런데 누구도 반기지 않고 할아버지를 넘겨받지도 않았다. 머쓱해진 내 걸음이 며느리로 보이는 분의 안내를 따라 할아버지의 방으로 겨우 들어왔다. 마지막 내려드리는 자세에서 다리가 후들거려 조금은 던져지듯이 눕혀 드렸지만, 교복 입은 학생이 길에 쓰러진 할아버지를 업고 댁에 모셔 왔으니 물 한잔과 칭찬 정도의 보상은 있을 줄 알았다. 그런데, 그 가족은 보상은커녕 만취해 누워 있는 할아버지를 향해 험한 말을 마구 쏟아 냈다.

"왜 또 술은 그렇게 처먹고, 어디서 쓰러져서 이 모양으로 들어와! 차라리 나가 죽어!"

도망치듯 집을 나섰다. 사연이야 있겠지만, 아무리 그래도 살아 돌아온 사람에게 죽으라니…. 내 진로보다 더 짙은 생각이 무게를 더했다.

'가족이 뭘까? 사랑은 뭘까?'

도둑놈의
새벽기도

하나님과 줄다리기 끝에 신학대학에 입학했다. 그러나 동시에 집이 망했다. 부모님은 도망치듯 고향을 떠나셨고 동생과 나의 사글세 독립생활이 시작되었다. 입학은 겨우 했지만 두 번째 학기 등록이 어려워 휴학을 했다. 그리고 돈을 벌기 위해 '교차로' 신문 뒤지는 것이 내 일상이 되었다. 아직 고등학생인 동생이 무너진 환경 때문에 상처가 생기지 않도록 무엇이든 최선을 다해야 한다는 어설픈 다짐이 내 마음을 더욱 무겁게 했다. 참고서는 또 왜 이렇게 많이 필요한지…. 분명 얼마 전에 산 것 같은데 또 사야 하는, 그다지 성적이 좋지 못한 동생의 참고서 구매 속도에 의문이 들었고 너무 부담스러웠다. 갑자기 시작된 가난이기에 너무 힘겨웠다. 하지만 원망은 없었다. 신학대학 진학에도 후회는 없었다. 그럼에도 짜증은 났다. 집이 망해서 그랬는지, 고단하고 서글퍼서 그랬는지 이유는 알 수 없었다.

새벽 3시 30분 기상. 신문보급소 출근. 그렇게 하루가 시작되었다. 중학교 때 경험으로 신문 배달을 먼저 시작하게 되었다. 눈 뜨기도 싫고, 몸 일으키기도 너무 힘들었지만 그래도 정신줄 꼭 붙잡고 일어나 옷을 입고 밖을 나섰다. 큰돈은 아니었지만 이렇게 움직여야 안정된 수입이 생기는 것을 알았기에 꼭 해야만 했다. 출근하면 가끔 듣는 배달 사고 소식이 유쾌하지 않았다. 잘 던져 넣었는데 신문이 오지 않았다는 말이 믿어지지 않았다. 특이 사항은 없는지 확인 후 신문을 챙겨 오토바이 뒷자리에 실었다. 적당한 수량을 둥글게 말아 잘 묶어 두면, 달리며 던지기에 좋은 세팅이 되었다. 내가 볼 스포츠 신문 한 부를 여유 있게 챙기는 것 또한 잊지 않았다. 이른 새벽이라 사람도, 차도 없었다. 내 오토바이 소리만 경쾌하게 울렸다. 어느 집은 대문 아래로 깔아서 던지고, 어느 집은 2층 계단으로 던지며 집마다 원하는 곳으로 던져 두었다. '앗차!' 잘못 던져 한 집은 지붕 위로 올라가 버렸다. 분명 저 집 보급소로 연락이 오겠지? '에라, 모르겠다.' 아직 남은 집도 많고 오토바이에서 내리기 싫어 그냥 달렸다. '소장님께 한 소리 듣고 말지 뭐.'

그렇게 속도를 내며 달리다 한 집 앞에서 잠시 멈췄다. 대문에 걸려 있는 우유 가방. 그곳에 신문을 넣으면 됐다. 그런데 그날은 우유 아주머니가 먼저 오셨다. 가방에 흰 우유가 들어 있었다. '배가 고픈데 왜 머리가 복잡할까?' 오토바이에서 내려 우유 주머니 앞에서 잠시 더 고민하다가 신문과 양심은 넣어 두고(?) 우유는 급히 빼내었다. '과연 손은 눈보다 빠를까?' 누가 볼까 싶어 급히 우유를 다 마셔 버렸다. '도둑놈!' 배고파서 우유 하나 먹은 정도는 무죄라고 스스로를 위로했지만 훔친 것은 사실이었다! 누가 본 것도 아닌데 얼른 오토바이에 올라타 급하게 이동했다. 새벽 골목은 조용했다. 갑자기 튀어나와 나를 놀라게 한 콩나물 두부 배달차도 그날은 보이지 않았는데, 내 가슴은 왜 이리 뛰었을까? 보급소에서 배달 사고로 한 소리 들을 우유 배달 아주머니가 맘에 쓰이면서도, 입속에 우유는 고소하기만 했다.

새벽 5시 30분이면 집에 도착했다. 동생은 아직 자고 있었다. 조용히 전기밥솥에 쌀을 올리고 집 근처 교회로 가 새벽기도에 참여했다. 눈을 감으면 우유가 자꾸 떠올랐다. 신학생이 우유를 훔쳐 먹었다는 생각에 괴로움이 깊어졌다. 집이 망하지만 않았어도 이런 일은 없었을 텐데…. 경건과는 거리가 먼 스무 살 신학생의 새벽기도는 그렇게 깊어졌다.

집에 돌아오면 밥은 되어 있으니 할 수 있는 반찬을 만들었다. 오징어볶음, 소시지 부침, 콩나물국. 그리고 얻어 온 밑반찬을 더해서 아침상을 차리고 도시락을 쌌다. 잘 참아 내던 동생이 도시락 반찬 투정을 했다. 내가 할 수 있는 반찬 가지 수가 얼마 안 되니 동생도 많이 참다가 저러는 것이라고 이해는 했지만, 어쩔 수 없이 속상하고 서글펐다. 대학 친구들은 멋지게 비전을 이야기하며 학교생활을 하는데, 먹고살기 위해 돈을 버는 내 모습이 초라했다. 그땐 정말 망해 버린 집이 곧 내 삶이 되지 않을까 너무나도 두려웠다.

돌솥 열두 개,
사장은 웃는다

새벽 신문 배달, 첫 번째 아르바이트가 끝나고 동생을 등교시킨 후 나는 잠시 쪽잠을 청했다. 다음 일정을 위해 알람 바늘을 9시에 돌려 뒀다. 혹시나 일어나지 못할까 싶은 불안감에도 눈꺼풀은 저절로 내려앉았다. 눈 한 번 감은 것 같은데 알람 소리가 신경질을 부리듯 울려 댔고, 나는 지겹다는 듯 손을 휘저으며 시계 버튼을 눌렀다. 익숙해질 법도 한데 내 입에서는 욕보다 더 짜증 섞인 소리가 튀어나왔다.

'아, 지겨워.'

두 번째 일정이 시작되었다. 출근하는 식당은 □□ 칼국수, 충남대학병원

건너편에 있는 칼국수 전문점이었다. 메뉴는 찌개류, 덮밥류, 돌솥비빔밥까지 다양했다. 나는 거기서 오토바이를 타면서 배달을 했다. 가정집 배달은 별로 없었다. 주로 대학병원 배달이었다. 의사와 직원들 식사는 물론이고 병원식에 질린 환자와 보호자를 위한 비밀스러운 접선도 있었다. 병원 출입 시 경비 아저씨에게 직원 식사로 왔다는 당당한 거짓말은 필수였다. 매번 꽉 찬 병원 승강기에 올라타면 음식 냄새로 인한 소리 없는 눈총이 다소 불편했지만, 모르는 척 더 당당해야 했다. 어렵게 환자에게 배달을 완료하면 돌아가기 전에 반드시 해야 할 일이 있었다. 식당 스티커를 몰래 병원 안에 붙여 둬야 했다. 화장실과 휴게실 구석이 딱 좋았다. 때로는 환자들이 사용하는 서랍 안쪽에 넣어 두기도 했다. 나의 이런 위험스러운 도전이 다음 환자에게 큰 복지가 될 것을 확신하며 가벼운 발걸음으로 병원문을 나섰다.

"재철, 뭐 해줄까?"

배달과 그릇 수거를 끝내고 돌아온 내게 주방 이모가 반가운 질문을 했다. 식당 직원은 점심 식사가 늦다. 다른 사람들 식사 준비가 일이기에 모든 일정이 끝나면 오후 3시 정도에나 모여 앉아 늦은 식사를 했다. (그래서 절대 오후 3시 전후로 식당에 가면 안 된다. 사장 빼고는 아무도 마음으로 반겨 주지 않을 시간이기 때문이다.) 여하튼 나에게는 행복한 선택의 시간이 주어졌다. 주방 이모는 언제든 내가 먹고 싶은 메뉴를 만들어 주었다. 칼국수를 배달했지만 나는 칼국수를 싫어했다. 그래서 엄마 느낌 나는 된장찌개와 돌솥비빔밥을 주로 부탁드렸다.

돌솥비빔밥을 앞에 두고 드리는 감사의 기도. 딱 좋았는데 하필 내 앞자리에 사장님이 앉으셨다. 최근 사장님은 내게 회유와 압박을 넣었다. 학교 복학이나 군입대를 계획하며 그만두겠다는 말씀을 드렸더니 매일매일 그만두지 말라는 이야기를 하셨다. 분명 학교에 다시 돌아가거나 군대 갈 것 같다는 말씀을 드렸는데, 미루고 식당에서 일하자는 제안이었다.

"칼국수 가게가 잘 되고 있으니 일을 더 하면 안 될까?"

20대 초반의 아르바이트 학생이 다시 학교로 돌아가겠다는데, 그도 상황이 어려우면 군대라도 빨리 다녀와서 학교를 가겠다는데, 자신의 장사에 차질이 있으니 복학을 미루고 일을 더 하라니…. 난감했다. 아니, 속상했다. 철가방을 들고 다니며 내 또래 학생들과 마주칠 때보다 더 기분이 엉망이었다. 무방비 상태로 듣게 되는 손님들의 막말과 모욕에도 웃어넘겼다. 그런데 그 순간은 웃어지지 않았다. 사장님에게 나는 어떤 존재였을까? 나보다 몇 살 많은 아들이 있는 사장님. 그래서 열심히 사는 내가 아들 같아서 좋다고 하시더니 다 거짓말이었다. 그 좋아하던 돌솥비빔밥인데도 그냥 꾸역꾸역 욱여넣었다.

"돌비 12개요!"

돌솥비빔밥 12개 배달이다. 의사들이 때를 놓치고 늦은 점심을 시킨 것이다. 주방 이모가 급히 일어나 음식을 준비하고 나도 철가방을 살피며 밑반찬을 준비했다. 음식이 나오고 무거운 돌솥이 하나씩 채워졌다. 한 가방에 12개가 들어가지 않았다. 국물과 김치도 넣어야 하고, 돌솥 12개를 채우려면 대형 철가방 2개를 가득 채워 날라야 했다. 돌솥 그릇이라 무겁기는 얼마나 무거운지, 들고 나가는 내 마음도 무거웠다. 그런데 사장님은 무거워진 철가방을 보며 싱글벙글했다. 바를 정(正)자 12개를 표시한 전표가 그에게는 행복이었다. 주문이 많으면 사장은 웃고, 직원은 운다. 돌솥 12개의 무게에 나는 눈물이 났다.

학생이 먼저 들어가 봐

칼국수 배달 일이 끝나면 나에게 필요한 것은 쪽잠이었다. 이렇게라도 쉬지 않으면 죽을 것 같았다. 20여 년 살아오면서 키 168cm에 몸무게 50kg을 넘어 본 적이 거의 없고, 한 번도 건강하거나 우람했던 기억이 없었기에 쓰리잡(three job)을 하고 있던 당시에는 정말 죽을 것 같았다. 가끔 청하는 쪽잠은 여유로움이 아니라 생존을 위한 최소한의 몸부림이었다. '아… 종일 자고, 좀 놀고 싶다.' 듣는 이도 없는데 혼자 중얼거리며 베개에 머리를 누였다.

한 시간 휴식 후 몸을 일으켰다. 새벽 기상보다 몸이 더 무거웠다. 하지만 어렵게 얻은 야간 아르바이트를 위해 일어나야 했다. 국가에서 어려운 이들에게 제공하는 일자리, '공공근로'를 신청했는데 합격 됐다. 방범대원. 태권도 단증이 있어서 유리했다는 말도 있는데 잘 모르겠다. (면접을 통해 나의 야리야리한 몸뚱이를 확인했다면 나는 분명 탈락했을 것이다.) 여하튼 나는 3인 한 조로 매일 저녁 동네를 어슬렁거리는 방범대원이 되었다. 밤 12시까지만 그렇게 버티면 모든 일이 끝났다.

내가 속한 조는 우리 파출소에서 나름 '특공조'로 불렸다. 일단 세 명 모두 20대였다. 겉모습은 볼품없지만 나는 태권도 유단자였고, 함께 근무하는 형은 학창 시절 태권도 선수 출신인 찬양사역자, 그리고 나머지 한 명은 충남대학이라는 건실한 간판을 달고 있었다. 하지만 충남대학생 형은 간판의 기대와는 달리 '한량'이었다. 매일 여자 이야기, 클럽 이야기. 잘생긴 그의 무용담(?)을 듣노라면 가히 뻥은 아닐 것 같다는 생각이 들었다. '신학대학 휴학생, 국립대 휴학생, 찬양사역자.' 우리의 조합은 파출소에서 듬직하고 건실한 그룹으로 보기에 충분했다. 하지만, 우리는 그날도 어두운 공원 벤치에 숨어 각자의 이야기로 떠들기 시작했다. (순찰은 잠시, 짱박혀 놀았다.) 나와 찬양사역자 형이 사역과 비전에 관한 이야기를 나누었더니 견디지 못한 충남대 형이 드디어 재미난 이야기를 풀어 놓았다. 그의 연애담은 정서적으로는 불편했으나 심장을 뛰게 만들기에 충분했다. 몰래 보던 무협지에서 짧게 지나가는 야한 이야기 같은 느낌이랄까? 젊은 사역자 둘은 아닌 척했지만 빠져들기 시작했다. '그래, 이렇게라도 시간이 가면 된다.'

"치익, 치익"

휴식을 깨는 요란한 무전이 날아왔다. 우리 행방을 물었다. '걸렸나?' 비상이 걸렸으니 파출소 직원들과 합류하라는 명령이었다. 장기 출타로 신고된 집에 불이 켜졌으니 출동해서 외부인 침입을 확인하라는 내용. 이런 일에 엮이면 무조건 불편했다. 하지만 가야 했다. 현장에 적당히 서 있으면 경찰관이 알아서 처리할 일이기에 큰 걱정 없이 일단 출동했다. 급하게 도착한 집에는 정말 불이 켜져 있었다. 경찰관 2명과 우리 특공 방범 3인은 긴장하기 시작했다. 경찰관의 지시가 떨어졌다. 모든 인원이 동시에 진입할 수 있도록 누군가는 담을 넘어 대문을 열어야 한다는 것이었다. 내가 가장 날렵하고 젊다는 중론에 당첨! 조금 당황스러웠지만, 억지스럽게 담장을 짚고 몸을 올리는 순간, 너무 겁이 났다. '도둑과 눈이 마주치진 않을까? 너머에 누가 있진 않을까?' 무서웠다. 무사히 담을 넘어 문을 열어 주었고 경찰관과 우리 대원들은 진입에 성공했다. 결과는?

"아이고 죄송해요. 저희가 신고한 일정보다 휴가에서 빨리 돌아왔어요."

장기간 출타를 신고했던 주인이 일정보다 빨리 집으로 돌아온 것이었다. 몸에 긴장이 풀리고 기운이 빠졌다. 우리의 공로가 인정되었을까? 아니면 공공근로에게 무리한 업무를 주어 미안했을까? 우리는 처음으로 조기 퇴근을 '명' 받았다. 같이 해장국 한 그릇 하자며 퇴근하는 길, 형들의 투덜거림이 나왔다. 직원도 아닌 학생에게 담장을 넘어 들어가라고 하는 것은 좀 부당하지 않냐고…. 나도 그리 생각했다. 세금으로 월급 받는 경찰이 들어가야지, 무장도 없는 학생을 시키다니…. 여하튼 무사히 일이 끝났다. 무조건 감사!

그 후의 이야기

2022년 현재. 태권도 선수 출신 찬양사역자 형은 나이 50이 다 된 지금까지 찬양을 부르고 있다. 그의 찬양을 들으면 지금도 좋다. 하지만 여전히 가난하다. 잘생겼던 충남대학 출신 한량 형은 더 이상 가난하지 않다. 잘나가는 법무사로 강남에서 활동하고 있다. 당시 형이 살던 허름한 빌라가 아직도 눈에 선한데, 잘되어서 좋다. 그리고 당시 신학대학 휴학생이었던 나는… 지금도 어디 공공근로 없나 기웃거리는 개척 교회 목사다.

잔돈
주세요

복학을 했지만 형편이 나아진 것은 아니었다. 생활비는 물론이고 학업에 필요한 책값 만들기도 쉽지 않았다. 봄이었음에도 가을을 염려하고 있었다. 다음 학기 등록이 늘 힘겨운 숙제였다. 친구들은 방학이면 캠프 준비, 성경학교 준비, 휴가를 계획했지만 나는 그럴 수 없었다. 학교 등록이 코 앞이기에 뭐든 해야만 했다. 그래서 매일 일터 정보지 '교차로'를 묵상(?)했다. 어떤 분야는 미련 없이 페이지를 넘기고, 어떤 분야는 깊게 바라보고 또 바라봤다. 학고를 다니면서 교회 사역과 동시에 할 수 있는 일이 별로 없음을 확인하고는 전날처럼 그날도 그냥 덮었다.

"대리운전 해볼래?"

선배에게 연락이 왔다. 대리운전 아르바이트를 소개하는데 꽤 솔깃했다. 운전을 좋아하기도 하고, 사람 대하는 것에 거부감이 없으니 나쁘지 않았다. 급여도 일하는 만큼이고 시간도 비교적 자유로웠다. '그래, 한번 해보자!' 그렇게 대리운전 회사에 취업했다. 학교가 끝나면 집으로 돌아와 잠시 잠을 청했다. 7시가 되면 사무실에 출근해 첫 번째 콜을 기다리며 아저씨들과 소소한 대화를 나눴다. 사무실 분위기도 좋았고 아저씨들도 좋았다. 대부분 낮에 다른 일을 하시는 분들이었다. 직장 생활하며 야간에 대리운전하는 것이 많이 고단하실 텐데 믹스커피 한 잔에 웃으며 콜을 기다리는 아저씨들을 보니 가슴 짠함이 밀려왔다. 어쩌면 우리는 서로를 그렇게 바라보고 있었는지도 모르겠다.

"안녕하세요. 대리 부르셨죠? 안전히 모시겠습니다."

어느새 제법 인사도, 업무도 익숙해졌다. 대전의 유명한 사거리와 아파트 이름도 외워졌다. 모르는 곳은 익숙한 포인트까지만 운전하면 손님들이 친절하게 알려 줬다. 가끔은 대리 기사가 그것도 모르냐며 핀잔을 주는 손님도 있었지만, 별 문제 되지 않았다. 재미있었다. 겨울에는 길에서 대기하는 시간이 너무 춥고 힘들었지만, 길다방 믹스커피는 충분한 위로가 되었다. 가끔 여유 있을 때 찾는 김밥집은 그야말로 천국이 되었다.

어느 날 손님 한 분을 모시는데, 많이 피곤해 보이고 얼굴에 근심도 가득해 보였다. 운행하는 동안도 말 없이 창밖 먼 곳만 바라보셨다. 조용한 음악을 들으며 도착한 곳은 허름한 빌라. 기본요금이 적용되는 거리, 1만 2천 원이었다. 그런데 손님은 내게 만오천 원을 건넸다.

"잔돈은 기사님 라면 한 그릇 하세요. 고생하셨어요."

엑센트 차주 손님은 차 안에서 보았던 어두운 표정과 달리 밝게 인사하며 낡은 빌라로 들어갔다. 조금 비틀거리는 걸음이 불안해 보여 잠시 서서 바라보았다.

좋은 손님이었다. 친절한 매너 때문에? 맞다. 하지만 더 중요한 이유는 거스름돈. 기본 대리비가 1만 2천 원이라 대부분의 손님은 1만 5천 원을 기사에게 건네는데, 순간 짧은 정적이 흐른다. 잔돈을 받는 손님일지, 팁을 주는 손님일지가 그 순간에 결정된다. 물론 기사는 이때 망설이지 않고 얼른 손님에게 잔돈을 내어 드리는 것이 옳다. 하지만 나 역시 그 순간 멈추게 되었다. 기대했기 때문이다. 사실 이렇게 획득한 팁은 대리 기사에게 큰 힘이 되었다. 김밥집에 잠시 앉아 쉬어 가며 배를 채우기도 하고 자판기 커피 한잔을 동료 기사에게 대접할 여유가 되기도 했다. 그래서 엑센트 아저씨는 내게 좋은 손님이었다.

다음 콜은 외제 차, 벤츠였다! 손님은 얼굴이 밝았다. 이런저런 이야기를 들어보니 사업도 잘되는 것 같고 삶에 여유도 있는 듯했다. 도착한 곳은 둔산동의 좋은 아파트. 몸이 힘들다며 골프 가방을 좀 올려 달라는 요청을 했다. 사실 대리 기사에게 그럴 의무는 없다. 주차까지만 해드리면 된다. 하지만 나는 어떤 기대로 들떠 이미 골프 가방을 들쳐 메고 있었다. '100%' 팁이 나온다는 확신이 들어서다. 잔돈 그 이상의 팁을 기대했건만, 아… 만 원짜리 한 장과 5천 원짜리 한 장을 주시는 손님…. 2%의 아쉬움이 남지만, 내게는 아직 기다려지는 3천 원의 은혜가 있었다. 3천 원도 괜찮지 않은가! 그러나 손님은 나를 바라보고 있었다. 싸늘했다.

"잔돈 주세요."

그렇게 3천 원을 받아 간 벤츠 아저씨. 외제 차에 골프 가방 이동 서비스까지 해드렸는데, 기대한 내가 잘못이었을까? '그래, 잔돈을 받아 간 게 잘못은 아니지.' 혼자 그렇게 충격을 삭혀 보았지만 뭔가 당한 느낌이었다. 그날 만난 벤츠와 엑센트는 내게 소중한 교훈을 줬다. '겉모습으로 판단하지 말자. 사람을 기대하며 기대지 말자.' 그날의 일이 목회를 위한 큰 교훈이 되지 않았을까 싶다.

노래방 삐끼가
만난 사람

노래방 삐끼*도 했었다. 삐끼는 기본적으로 머리를 숙이고, 웃음을 팔아서 나를 통해 손님이 가게 안으로 들어가게 해야만 했다. 당시는 심야 노래방 영업이 금지되었었다. 이유는 모르겠다. 그래도 노래방은 돌아갔다. 밖에서는 고용된 삐끼들의 호객 행위가 이어졌고, 성공하면 가게 안으로 무전을 날렸다. 그러면 내려진 셔터가 열리며 손님이 들어갔다. 물론 셔터는 다시 닫혔다. 나는 그 호객 행위를 담당하는 아르바이트였다. 노래방 서빙으로 알고 갔다가 일을 하게 되었는데 마음이 편치 않았지만, 일단 해보기로 했다. 일을 해야 핸드폰 요금도 내고 학

---

* 삐끼 : 음식점이나 유흥업소 따위에서 손님을 끌어들이는 사람을 속되게 이르는 말(비슷한 말 : 호객꾼).

교도 갈 수 있으니까….

"형님, 노래방 어때요? 음료수 서비스됩니다."

다양한 행인들이 지나다녔다. 깨가 쏟아지는 커플, 얼큰하게 취한 사람들, 짙은 화장의 누나들…. 손님과 가벼운 밀당 후에 성공을 하면 바로 노래방 관계자에게 무전을 보냈다. 그리고 닫힌 셔터 앞까지 안내한 후, 열리는 문으로 들여보내며 힘차게 인사를 했다. "좋은 시간 보내세요!" 여기까지가 내 역할이었다. 그날도 하얗게 불태웠다. 몇 팀이나 들어갔을까? 심지어 성공한 손님 중에 고등학교 동창도 있었다. 영업용 미소를 친구에게 보이며 노래방 이용을 부탁하는데 너무 부끄러웠다. 철저한 손님 마인드로 대하는 동창 녀석이 얄밉기도 했다.

아침과 맞닿은 새벽 시간. 그때는 손님도 거의 없었다. 비틀거리는 사람보다 이른 출근을 하는 사람들이 더 보이는 시간이었다. 그래도 퇴근까지는 조금 남았으니 대기. 잠시 등받이 없는 플라스틱 의자에 앉아 숨을 돌렸다. 생각이 많아졌다. '이렇게까지 하면서 신학교'를 다녀야 할까?' 친구들은 용돈벌이로 아르바이트하는데, 먹고사는 문제로 이런 일하는 나를 보니 조금 서글펐다. 길게 할 일은 아니라고 토닥여 보았지만 괴로움이 털어지지 않았다. 누군가의 손에서 버려져 길가에 널브러져 밟힌 수많은 전단이 내 삶과 겹쳐졌다.

"오늘 손님 좀 있었어?"

대전역 앞 사창가에서 호객하는 아주머니가 옆자리에 앉았다. 나이는 있어 보였지만 예쁘장하게 생긴 아주머니. 어느새 얼굴이 익어 그 시간이면 자연스레 대화가 오갔다. '이분도 많은 사람에게 영업용 미소를 날리며 자괴감을 느꼈을까?' 신학생이 왜 이 일을 하냐 물어오는데 근사하게 설명할 길이 없었다. "그러게요."라는 말로 나를 감추고선, 심드렁한 음성으로 아줌마는 왜 이 일하냐는 반문을 날려봤다. 우리는 오히려 더 어색해졌다. 둘 다 그냥 동트는 하늘만 봤다. 서로의 삶에 관여하는 것이 무의미하다는 것을 잘 알고 있었다. 아직은 자고 있을 여자친구에게 혹시나 문자 한 통 오지 않을까 싶어 내 016 PCS를 만지작거렸다.

'휴... 하나님... 얼른 학교로 돌아가고 싶어요.'

잘못된 만남

복학 후, 교내의 크고 작은 예배 모임과 지역 교회에 초대를 받아 함께 예배할 수 있는 기회가 많아졌다. 어떻게 소문이 났는지 인근에 있는 대학에서 예배 특강 요청을 받기도 했다. 신학대학원 학생들을 상대로 찬양 콘티 작성법과 예배 인도법에 관한 2시간짜리 특강이었다. 마침 신혼여행 일정과 맞물려 고민되었는데, 선하신 아내님의 허락으로 여행을 1주일 미루고 참여할 수 있었다. 교회 사역을 포함해서 일주일에 찬양 인도를 다섯 번 이상은 고정으로 했던 것 같다. 학교에 수업을 들으러 다니는 것인지 찬양을 섬기러 다니는 것인지 모를 정도의 일정에 고단함도 있었지만, 좋았다. 철가방, 방범대원, 대리운전에 비할 바가 못 되었다.

그러던 어느 날. 한 교회 청년부 예배 강사로 초대를 받았다. 찬양과 말씀을 함께 섬겨 달라는 요청이었다. 당일에 초청받은 교회 청년들과 찬양을 연습하며 집회를 준비하는데, 담당 교역자가 슬며시 다가와 귓속말을 했다. 부장 집사님 집에서 간단히 식사하고 집회를 시작하자는 제안이었다. 강사로서 사역을 하게 될 때 식사 초대는 여러모로 부담이 있었다. 무엇보다 시간이 여유롭지 못함이 가장 큰 이유다. 찬양팀과 맞춰야 할 시간도 부족하고, 배가 부르면 사역에 불편함이 생겨 대부분의 식사는 정중히 거절했다. 하지만 그날은 난감해 하는 청년부 사역자를 보며 식사 초대에 응하기로 했다. 그런데 그곳에서 만난 부장 집사님은 이미 안면이 있는 분이었다.

칼국수 집에서 일하며 철가방을 들고 다니던 시절, 대부분 배달처는 대학병원이나 사무실이었지만 간혹 가정집 배달도 있었다. 그중 늘 불평이 많고 배달원을 함부로 대했던 손님이 있었는데, 그 집 배달 요청이 오면 늘 마음이 불편하고 인상부터 찌푸려졌다. 그런데 배달을 가서 현관문을 열면 '예수만 섬기는 집'임을 드러내는 상징이 많았다. '벽의 그림, 말씀 액자. 테이블에 올려둔 십자가.' 은혜로운 세팅. 그러나 그것과는 달리 집주인은 고약했다. 매번 음식 타박에 배달원을 무시하는 말투까지…. '예수 믿고도 저 모양이니 예수님이 욕을 먹지.' 빈 배달통을 들고나오며 늘 혀를 찼다. 태달 일을 그만둔 지가 벌써 몇 년인데 그때까지 나는 그 아저씨를 기억하고 있었다.

'아, 내가 다시 이 집에 오게 될 줄이야!'

둘은 단박에 서로를 알아보았다. 고약한 손님과 배달부가 청년부 부장 집사와 집회 강사로 다시 만나게 되었다. 더 이상 무슨 말을 할까? 형식적인 말들로 식사 자리를 채웠다. 애매하고 묘한 감정을 애써 감추며 식사가 시작되었다. '요즘도 칼국수 좋아하세요?' 이 말을 하고 싶었지만, 꾹 눌러 담았다. 우리는 잘못된 만남이었다. 한 상 잘 차린 식사도, 오가는 은혜로운 말도 아무 의미가 없었다. 이미 서로의 민낯을 보았기에 잔뜩 꾸민 겉치레는 아무 소용이 없었다. 다행히(?) 집회 시작을 앞두고 가졌던 식사 자리였기에 긴 시간 앉아 있을 수 없었다. 짧은 시간이라 얼마나 다행이었는지…. 예배는 시작되었고 찬양은 참 은혜로웠다. 청년들은 적극적으로 반응했고 나 역시 행복했다. 찬양, 말씀, 기도. 모든 것이 은혜였고, 행복했고, 감사했다.

단 한 사람만 빼고…

흔한 이름, 싸이월드의 추억

경상북도 시골 작은 교회에서 진행된 수련회. 며칠간 이곳에서 예배 찬양 사역을 담당하게 되었다. 신학대학 동료들이 함께 봉사하고 있어서 큰 불편이나 이질감은 없었다. 전형적인 농촌이었기에 고향에 온 것 같은 정서적 평안함이 연속된 사역으로 지친 내게 오히려 힐링이 되었다. 사실 여름 사역이 너무 많았고 대전에서 거기까지 가는 길도 만만치 않아서 집회 요청이 왔을 때 거절을 어떻게 할지 고민했었다. 평소 거절의 기술에 능하지 못했던 나는 결국 기타를 메고 그곳에 도착했다. 그때까지만 해도 그 일정이 내 삶을 뒤집어 놓을 역사적인 사건이 될 것이라고는 꿈에도 몰랐다. 단지 여러 일정 중 하나였다.

열악한 환경이었지만 예배는 은혜로 가득했다. 잠시 쉬는 시간이면 읍내 작은 슈퍼마켓으로 음료와 아이스크림을 사러 나갔고, 오가는 길에 즐기는 시골 풍경은 피로를 덜어 주기에 충분했다. 찬양 인도가 나의 메인 포지션이었지만 동문과 섬기는 작은 집회에서 그런 것이 어디 있겠는가. 내가 가장 막내였기에 잡일에 잔심부름까지 맡으며 분주한 시간을 보냈다. 좋은 시간이었지만 여름 방학 내 계속된 집회 일정에 육체적 고단함이 한계까지 차올랐다. 진행 요원들은 분주했지만 나는 한쪽 구석의 철제 의자에 잠시 몸을 맡겼다.

"아, 그러세요? 제가 가져다 드릴게요."

한 사람이 눈에 보였다. 아주 작고 귀엽게 생긴 자매님이 여기저기 누비며 사람들을 돕고 있었다. 너무 바쁜 상황에서도 미소를 잃지 않았다. 고도의 훈련을 받았거나 천성임이 분명했다. 다른 곳을 보다가도 눈길이 자꾸만 그 자매님의 동선을 쫓아 갔다. 무엇을 찾고 있는지, 무엇을 들고 가는지, 어떤 사람들과 이야기하는지를 보게 되었다. 큰일이었다. 찬양 인도자가 이렇게 한눈을 팔면 안 되는데…. 하지만 어쩔 수 없었다. 수련회가 끝날 때까지 나는 그 자매가 누구인지 은밀하게 알아 가기에 바빴다. 한 사람을 발견했다는 기쁨을 획득하며 수련회도 끝이 났다. 전국에서 모였던 스텝은 시외버스 터미널에서 흩어지게 되었다.

"학교 선배인데 몰랐어?"

다른 이들을 통해 나보다 두 살이 많은 학교 선배라는 사실과 이름만을 확인할 수 있었다. 말도 걸어 보지 못했고, 연락처는 당연히 받아내지 못했다. 이렇게 헤어지면 언제 다시 만날는지 알 수도 없는 상황이었다. 시간이 없었다. 마음이 조급했다. 터미널에서 연락처라도 받아보려 했지만, 이유를 알 수 없는 남자 선배들의 방해가 있었다. 결국에는 아무런 소득 없이 집으로 돌아오게 되었다.

'나는 포기 못 한다!'

집에서 쉬다가 벌떡 일어나 컴퓨터 전원 버튼을 급히 눌렀다. '알고 있는 정보로 찾아보자.' 싸이월드는 가능했다. 검색! 아… '78년생 이지현'은 정말 많았다. 전국에 있는 엄청난 숫자의 '이지현' 홈페이지를 하나씩 방문했다. 페이지를 넘기고, 넘기고…. 시간이 흐를수록 지쳐갔지만 반드시 찾겠다는 신념으로 클릭을 멈추지 않았다. 드디어! 그녀의 얼굴이 나타났다. '고진감래(苦盡甘來)' 그제서야 이 말이 가슴에 와 닿았다.

"안녕하세요. 수련회에서 찬양을 섬겼던 신재철 전도사입니다."

홈페이지 프로필에서 알게 된 전화번호로 통화를 시도했다. 가슴이 떨리고 긴장이 됐다. 전화를 받은 자매님은 여전히 친절했다. '선배'라는 애매한 호칭, '전도사님'이라는 불편한 호칭을 서로 써가며 매일 같이 전화하고 문자를 했다. 연애일까? 잘 모르겠지만 내 가슴은 즐겁게 뛰고 있었다.

그 후의 이야기

어렵게 찾은 그 자매님은 지금도 나와 함께 예배를 드린다. PPT를 다루고 성도들을 돌보며 개척 교회를 섬기고 있다. 당시 친절했던 미소는 사춘기 아들 둘이 누리는 복지가 되었다. 분노할 상황에도 미소를 잃지 않는 그녀에게 내 아이들은 고백한다. "우리 엄마가 최고야!" 잠시 고생해서 찾은 이름 세 글자가 지금까지 내 삶을 평온케 할 줄, 생각이나 했을까?

고맙다,
조교 동생

28세, 유부남, 아내는 임신 6개월.
문제 많은 나는 그렇게 군인이 되었다.

입소대대에서 보내는 첫날. 생각이 많아 잠이 오지 않았다. 내가 왜 여기에 있는지 그 이유를 나 자신에게 이해시킬 방법이 없었다. 이 밤 혼자 누워 있을 아내 생각에 더 마음이 괴로웠다. 내 괴로움과 무관하게 소지품은 택배로 보내지고, 카키색 빈 가방에는 보급품이라 불리는 다양한 녀석들이 채워졌다. 조교는 이거 없어지면 죽는다는 소리만 반복했다.

혹시나 하고 기대했던 간단한 신체검사는 아무 이상 없는 나의 건강을 확인시켜 줬고, 동기들과 같은 복장으로 줄을 지어 이동하다가 커다란 운동장에 멈췄을 때, 어디선가 들려온 한 사람의 고함에 내가 누구인지 분명해졌다. "여기는 논산훈련소다." 학교 운동장 같았지만 우리는 체육복을 입고 있지 않았다. 체육 선생님 같았지만, 더 고압적이었다. 4월의 논산은 딸기향이 가득했지만, 그곳에서의 생활이 그다지 달콤하진 않을 것 같았다.

고역이었다. 밥도, 부식도 남기면 안 되었다. 동기들은 컵라면 하나가 부족하다며 난리인데, 나는 국물도 다 먹기 힘들어서 난리였다. 모든 훈련이 행군 같았다. 사격을 위해서, 교육을 위해서, 수류탄 한 발을 던지기 위해서, 공포스러운 가스를 마시러 가기 위해서, 우린 거추장스러운 단독군장 차림으로 많이도 걸어야 했다. (물론 진짜 행군 훈련을 하고서는 지금까지의 교육장 이동은 불과 산책이라는 것을 깨달았지만….)

"너무 아파요."

신체적 한계와 스트레스로 병이 왔다. 심한 몸살 기운을 버티지 못하고 조교에게 상태를 보고했더니 간단히 확인 후 의무대로 이동하라는 지시를 받았다. (훈련병은 아파서 의무대에 갈 때도 혼자 이동이 불가했다. 반드시 인솔 조교가 붙어야 했다.) 드라마에서 본 것과 다르게 군의관은 친절했고 나는 수액을 처방받았다. 일단 누워서 천천히 맞고 쉬라는 명령을 받고 잠시 눈을 붙였다.

"96번 훈련병, 일어나."

시간이 얼마나 지났을까? 조교가 나를 깨웠다. 링거는 다 들어갔고 시간은 벌써 밤 12시가 되어 갔다. 혼자 복귀할 수 없는 훈련병이었기에 또 다시 조교가 붙었다. '하… 불편하다.' 전역이 얼마 안 남았다고 들은 병장 조교였다. 늘 무표정에 성대를 꽉 누르는 듯한 소리로 호통을 치는 조교. 분명 카리스마는 있었다. 그리고 잘생겼다. 밖에서 만났으면 호감이 갔을 것도 같았다. 하지만 그땐 많이 불편했다. 나이 어린 청년의 욕 비슷하게 지르는 반말이 듣기 힘들었다. 그렇게 나는 생활관으로 복귀하게 되었다. 몸이 한결 나아져 걸음은 가벼웠다.

그런데 복귀 코스가 이상했다. 아무리 내게 익숙하지 않은 길이라고는 하지만, 그 길은 아니었다. 나를 점점 어두운 구석으로 데리고 갔다. 심지어 연병장을 가로질러 뭐가 있을지도 모를 곳으로 걸음을 재촉했다. '아, 갈구는 거 아냐?' 말년 병장 귀찮게 한다고 으슥한 곳에서 갈구지 않을까 싶어 긴장됐다. 나이 먹고 군대 와서 아픈 것도 서러운데, 이런 눈치 보고 있는 상황이 너무 서글펐다.

"형수님한테 전화해."

연병장을 지나 도착한 구석진 곳. 조명도 없는 그곳에는 공중전화가 있었다. 갑자기 자신의 조교 모자를 벗어 내게 푹 눌러 씌웠다. 담배 한 대 피고 올 테니 여유 있게 통화하라는 말과 함께, 더 어두운 곳으로 조교가 사라졌다. 이게 무슨 일인가? 망설이는 시간도 아깝다는 생각에 급하게 아내에게 전화를 걸었다. 늦은 시간 훈련소에 있는 남편의 전화에 아내는 많이 놀란 눈치였다. 아프다는 이야기, 너무 고단하다는 이야기를 다 전하지 못하고 자꾸만 눈물이 났다. "왜 울어. 힘들어?" 아내의 눈물 삼킨 말에 나는 더 눈물이 났다. 미안하고 또 미안했다. 눈치가 보였을까? 그리 긴 통화를 하지 못하고 어정쩡하게 공중전화 부스 곁에 서 있었다. 병장 조교는 생각보다 한참 후에 돌아왔다. 왜 벌써 끊었냐고 묻는 말에 딱히 할 말은 없었다. ('니 눈치가 보여서 빨리 끊었어.'라고 말할 수는 없지 않은가.)

"형, 나 다음 달 전역이야. 시간은 가더라. 아프지 말고 무사히 전역해."

다시 가로지르는 연병장은 따스했다. '유부남, 고령자(?), 아내가 임신 중' 나의 이력을 알고는 복귀 인솔을 자처했다는 말을 듣게 되었다. 잘생기고 무뚝뚝했던 성현준 분대장, 어디서 잘살고 있겠지? 보고 싶다.

첫 휴가,
첫 출산

군 입대가 많이 늦었다. 가정 형편으로 급히 휴학하는 바람에 한(恨)이 맺혔을까? 공부하고 싶었다. 그다지 좋은 성적은 아니었지만, 공부하고 학교 식당에서 밥도 먹고 동아리 활동도 하며 대학 생활을 누리고 싶었다. '조금 늦더라도 학부 끝내고 군에 다녀오면 깔끔하지 않을까?'라는 생각에 조급함은 없었다. 더 이상 휴학은 없었고 대학을 마치며 대학원 시험을 보았다. 목회자가 되기 위한 필수 과정이었기에 대학원 합격 후 입대하는 것이 낫지 않을까 생각이 들었다. 영어 시험이 신경 쓰이기는 했지만, 모교는 나를 대학원생으로 받아 주었다.

'합격했으니 1년은 다녀 볼까?'

어지간히 군대 가기가 싫었다. 계획이 바뀌었다. 아니, 마음이 바뀌었다. 대학원 등록 후 나는 계속 학생 신분을 유지하게 되었다. 그러다 그녀를 만나 연애를 시작해 버렸다. '군대도 가야 하는데. 무슨 생각으로 여자를 만나 버렸단 말인가! 나보다 연상인 여자 친구를 두고 어떻게 군대 가나. 아무것도 없는 형편에 결혼까지 달려 봐?' 고민이 더 깊어졌다. '그래, 결심했어!' 아무리 애틋한 연애를 한다 해도 전역하면 지금의 연상 여자 친구는 남의 여자가 되어 있을 것 같은 생각이 들었다. 그때 후회하면 무엇하겠는가. 일단, 직진이었다. 죄인의 마음으로 결혼에 대한 의지를 예비 장인께 말씀드렸다.

"혼수를 줄여 집을 구해 보고, 군에 있을 동안은 우리가 데리고 있겠네."

'신학생, 군 미필자, 가난한 청년' 나의 정체성은 무엇 하나 내세울 것이 없었다. 그런 내게 아버님은 푸근하게 격려하시며 결혼을 허락하셨다. 장모님께서 내 외모를 좋게 보셨다는 이야기에 괜한 자신감으로 결혼에 속도를 붙여 보았다. 내 나이 스물여섯, 아내 스물여덟. 우리는 그렇게 연인에서 부부가 되었다. 두 학번 선배인 아내는 대학원 졸업을 했지만 나는 여전히 학생이었다. 우리는 주말이면 각자 교회에서 파트타임 전도사 생활을 하며 소박하게 신혼살림을 꾸려 갔다. 임신을 미룰 생각은 없었고 새로운 가족은 금방 생기게 되었다. 하지만 그날이 오고야 말았다.

"다녀올게. 건강하고…"

논산 육군훈련소 앞에서 아내와 인사를 나눴다. 이미 배부른 티가 많이 나는 임신 6개월. 주변의 시선이 느껴지기도 했지만, 의식할 여력이 없었다. 얼마 남지 않은 시간이 서러울 뿐이었다. 미안한 마음 한가득에 뭐라 할 말도 없었고 서로 손만 꼭 잡고 있다가 헤어졌다. 늦깎이 군인 아저씨에게 훈련소의 FM 훈련은 버거웠다. 하지만 시간은 흘렀고 이등병 계급장을 달고 어느 연대에 군종병 보직으로 군 생활을 시작하게 됐다. 학생이 아닌 군인. 군종병도 여느 군인처럼 일과가 있고 필수 훈련이 있었다. 군종병 업무는 종교 영역이기는 하지만 행정에 가깝다. 군종 병과는 종종 다른 병과에 무시를 당하기 일쑤다. 그것이 싫었을까? 악착같이 익혔다. 구급법, 화생방, 전투 준비태세 행동 요령 등 병 기본은 물론이고, 상황 발생 시 군종 부서가 해야 할 업무를 무작정 외웠다. 그래서일까? 기본 훈련 중 "군종병이 그런 걸 어떻게 알아?"라는 반응을 얻으며 점차 인정받기 시작했다. 관심을 줘야 할 문제 많은 유부남 병사라는 딱지가 떼어지고 있었다.

"금일 사격 훈련 있습니다. 열외 인원 없이 준비하시기 바랍니다."

자대 배치 후 첫 사격이었다. 중대장님은 열외 1순위인 군종병에게 사격을 잘해야 군종 목사님을 지킬 수 있다는 말로 동참시켰다. 군종 장교는 공식적으로 총기가 지급되지 않았다. 장교지만 권총도 없다. 그래서 전시 상황이 되면 군종병이 지근거리에서 늘 경계해야 했다. 여하튼 나는 명령에 따라 장비를 갖추어 사격장으로 출발했다. 사격장 공기는 늘 무거웠다. 작은 실수와 나태함이 큰 사고로 연결될 수 있기에 평소보다 통제 간부들이 엄격하게 병사를 대했다. 사로에 엎드렸다. 훈련소 이후 처음이었다. 생각보다 큰 총소리, 묵직함. 손가락을 움직일 때마다 충격받는 어깨. 이등병에게 사격장은 매우 불편한 곳이었다. 주어진 탄을 다 소비한 후 다른 전우가 사격이 끝날 때까지 '엎드려 쏴' 자세를 유지했다. 엎드려 호흡을 가다듬던 그때!

"이병 신재철, 지금 총기 그 자리에 두고 행정반으로 복귀하도록! 축하한다. 아내가 출산하러 병원으로 출발했단다."

사격장 통제 장교가 방송을 통해 아내의 출산 소식을 알렸다. 군인이라는 신분에 더디게 적응하면서도 늘 아내와 아이 걱정이었는데, 기다리던 소식을 사격장에서 듣게 되었다. 나는 너무 기쁜 나머지 나도 모르게 총기를 들어 올렸다. 순간 사격장은 얼어붙었다. 총을 그 자리에 그대로 내려두라는 다급한 방송에 정신을 차리고서 뛰듯이 행정반으로 복귀했다.

서울역까지는 금방 도착했지만, 천안까지 가는 기차를 놓쳤다. 진통 중에 있을 아내가 맘이 쓰여 나의 조급함은 더해 갔다. "택시 타고 갈까?" 철없는 남편의 전화에 아내가 진통 중에도 놀라는 눈치였다. 서울에서 천안이 어디라고 택시를 타겠는가. 그 비용은 또 누가 감당하고…. 괜찮으니 기차 타고 오라며 흥분한 나를 오히려 안심시키는 아내의 음성에 산통의 떨림이 전해 왔다.

급하게 도착한 병원, 분만실에서 아내를 만났다. 분만실은 아내의 고통 소리와 의사 선생님의 출산 유도 소리로 가득했다. 출산이 쉽지 않은지, 늘 있는 상황인지는 모르겠지만 의사가 갑자기 아내 배 위로 올라가 눌러 댔다. 저러다 사람 죽는 거 아닌가 싶은 생각도 들고, 내 맘도 조급해졌다.

그 시간도 잠시, 간호사가 쭈글쭈글하게 생긴 아이를 내게 보였다. 탯줄을 잘라 주라는 말에 이등병답게 어색한 가위질을 해보았다. 마치 잘리지 않는 곱창을 억지스럽게 잘라 내는 듯한 느낌이라 무섭고 이상했다. 그렇게 탯줄을 끊고 아들 '승우'가 세상에 나왔다.

"아들이 아빠를 기다렸네."

진통이 길었다. 이미 출산했을 시간인데, 아내와 아들은 분만실에서 나를 기다려 준 듯했다. 우리 세 식구가 함께 첫 만남을 할 수 있도록 하나님께서 배려해 주신 것일까? 아이를 품고 바라봤다. 이 녀석이 앞으로 살아갈 세상이 만만치 않을 것이라는 걱정이 왜 먼저 들까? 하지만 곧, 하나님께서 이 아이를 통해 하실 일을 기대하는 마음에 염려는 밀려났다. 나는 그렇게 첫 휴가에 아빠가 되었다.

별 세 개와 막대기
세 개의 새벽예배

"군대도 사람 사는 곳이다."

입대하기 전 위로하는 말로써 많이 들었던 말인데, 맞는 말이다. 생각보다 빨리 적응이 되었다. 시간이 되면 밥을 먹고, 청소하고, 잠을 잤다. 학업과 사역을 병행했을 때에 비하면 오히려 안정적이고 몸도 건강해졌다. 여유가 생긴 것이었을까? 무섭게만 보였던 나이 어린 소대선임들도 평범한 20대 청년으로 보이기 시작했다. 의지가 되었던 선임 군종병은 한 달 후 전역했다. 연대에 군종병 보직 인가는 1인이었기에 인수인계를 마치지 못하고 선임은 전역했다. 업무가 익숙하지 못해 어려움은 있었지만, 선임이 없다는 것은 그야말로 '꿀'이었다. 입대 전

두려움은 사라지고 생각보다 군 생활은 평안했다.

"신대원 졸업했으니까 내가 못 나오면 직접 새벽예배 인도하면 돼."

군종 목사님의 명령이 떨어졌다. 민간이나 군이나 교회에서 새벽예배 펑크는 사역자에게 늘 긴장되는 영역이다. 나보다 두 살 위 목사님도 그런 부담이 있었던 것 같다. 목사님이 힘들어 일어나지 못했을 때 새벽예배를 대신 인도하는 것은 큰 부담이 아니었다. 성경책에 늘 짧은 설교 한편 넣어 두면 그만이니깐. 하지단 그 명령은 단순한 예방 차원의 대비책이 아니었다. 그 후 6개월간 목사님은 새벽에 나타나지 않았고, 나는 매일 새벽예배를 인도했다. 주석은커녕 신앙 서적조차 구하기 어려웠던 상황에서 6개월의 새벽 설교는 만만치가 않았다. 주간에 해야 할 행정 업무도 벅찬데 다음 날 새벽 설교까지 더해졌다. 군 생활에 적응하던 내 얼굴은 피곤으로 가득했고, 반면에 군종 목사님의 얼굴은 평안으로 충만했다. 시간이 얼마나 흘렀을까? 이 또한 적응되었다. 군 가족들과 함께 하는 새벽예배는 내게 좋은 훈련이 되었고 민간 목회를 준비하기 전 스트레칭과 같은 준비운동이 되었다. 중대 행정실 화이트보드에 적힌 '매일 군종병 4시 30분 기상' 메시지는 충분히 고난받는 군종병으로서의 이미지를 만들어 주었다. 누구도 연대 군종병은 편하다는 말을 하지 않았고, 아침 점호 열외를 문제 삼지 않았다.

그런데, 군 행정과 군 교회 사역에 어느 정도 익숙해질 때쯤 일이 생겼다. 군단급 훈련을 우리 연대에서 진행하기로 한 것. 부대의 모든 부서가 긴장하며 훈련을 준비했다. "군종은 어떤 준비를 하면 됩니까?" 군종 목사님에게 물어봐야 소득 없는 질문이라는 것을 알았기에 인사 장교님에게 질문했더니 잠시 고민 후 말하길, "모르겠다. 그냥 눈에 안 띄게 잘 숨어 있어라."라고 하는 현실적인(?) 답을 듣고는 일단 다른 병사들과 같이 위장 크림을 바르고 소총을 휴대하며 전투 준비 상태로 교회에서 근무하게 되었다. 낮과 밤이 없는 훈련이었다. 전투 식량으로 식사가 대체되고, 위장 크림을 지우지 않은 상태로 잠자리에 들기도 했다. 본부에는 별 세 개를 달고 있는 장군이 있다는 말을 들었는데, 확인이 불가했다. 그렇게 적당히 숨어 지내며 큰 훈련도 넘어가는가 싶었다.

"군종병! 얼른 깨워라!"

상황실에서 군종병을 급히 찾는다며 근무자가 나를 깨웠다. 훈련 중이라 불편한 잠을 자던 나는 영문도 모른 채 상황실에 불려 갔다. "군종병아 큰일 났다. 군단장님이 새벽예배 가신단다. 군종 목사님은 연락이 안 되니까 니가 어떻게 좀 해봐." 그 똑똑한 장교들이 군단장님의 종교행사 참석 의지에 아무런 대안을 마련하지 못했다. 군종 목사님 연락이 닿지 않자 급한 대로 나를 불러 세웠던 것이다. 훈련 기간이라

그나마 새벽예배가 없어서 좋았는데. 믿음 좋은 장로님이라는 군단장님이 괜히 미웠다.

교회는 내 구역이었다. 갑작스러운 일이 생기든 장군이 입장을 하든 긴장하지 않았다. 늘 하던 예배를 진행하면 그만이었다. 다만 내 단잠을 깨운 그 상황이 불편했을 뿐. 익숙하게 예배당 불을 켜고 찬양을 틀었다. 장의자 앞자리에 앉아 기도하는데 누군가 들어오는 소리가 들려왔다. 생각보다 발소리가 많았다. 시간이 되어 강대상에 올라 전면을 무심한 척 바라봤다. 별 세 개의 장군님. 그리고 옆에는 우리 연대장님과 참모 장교들이 앉아 있었다. 불신자, 타 종교인이 새벽예배에 동참한 기적의 현장이었다. 나는 자랑스러운 상병 계급장이 붙여진 방탄모를 벗어 강단에 올려 두었다. 어깨 메어 걸쳐진 소총은 강단 옆에 세워 두었다. 그리고 하던 대로 찬송을 부르고 하나님 말씀을 전했다. 하던 대로 하면 그만이었다. 나의 마지막 기도로 새벽예배는 그렇게 끝이 났다.

군종 장교의 부재에 문제가 좀 생기지 않을까 염려되었다. 하지만 조용하게 일이 마무리되었는지 생각보다 아무 일도 일어나지 않았다. 다만 내 손에 휴가증 하나가 주어졌을 뿐. 군단장님이 설교하는 내가 누구인지 궁금해서 연대장님에게 물었다는 후문이 있었다. 나는 주의가 필요한 인물이었을까? 문제 있는 관심병사였을까? 연대장님은 나의 학력, 이력, 아이가 있는 유부남이라는 사실을 군단장님께 보고드렸고, 군단장님은 휴가 한번 보내 주라며 큰 웃음을 지으셨다고 했다. '휴가 명령' 군인에게 다른 무엇이 더 필요하겠는가. 나는 저 높은 곳에서 이 모든 상황을 예비하신 그분께 감사하며 외쳤다.

"할렐루야!"

생쥐와 사투:
내 거 먹지 마

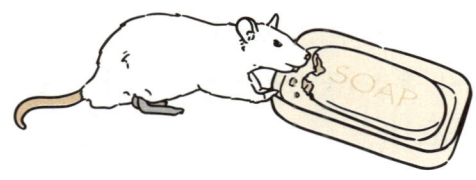

"이제 일은 그만하고 사역만 집중하지 않겠니?"

하나님은 말씀하셨고 나는 순종했다. 복학 전까지 치열하게 일하며 버텼지만, 복학 후에는 더 이상 일하지 않고 버티기로 결단했다. 어차피 버티기 인생은 매한가지다. 급할 때면 전단 돌리기 같은 일회성 아르바이트를 하기도 했지만 일에 묶이지 않기로 결심했다. 스물둘이라는 아주 어린 나이에 교육전도사를 시작했으니, 적지만 교회 사례비만으로 살아 보자고 결정한 것이다. 이때부터 흔히 말하는 생계형 전도사가 되었다. 생업을 가지고서 일을 할 때도 버거웠지만, 순종은 내 삶을 더욱 퍽퍽하게 만들었다. 생계의 위협은 여전했고 오히려 더 어려운 현실과 마주하게 되었다.

대학생이 된 동생과 사는 집은 두 칸의 방이 있었다. 각자의 공간을 갖게 되었으니 프라이빗(private)한 괜찮은 거주 공간을 갖게 된 듯했다. 하지만 그야말로 허름한 옛날 집이었다. 입식 부엌? 현대식 주방이라고 했지만, 방문을 열고 나가면 마감이 덜 된 시멘트 바닥에 수도꼭지가 있어, 거기서 머리도 감고 설거지도 했다. 여름이면 큰 대야에 물을 받아 쭈그리고 앉아서 샤워도 가능했다. 화장실은 작은 마당을 지나 밖으로 나가서 공용 화장실을 사용했다. 그리 나쁘지는 않았다. 하지만 딱히 좋지도 않았다.

"하나님, 이 게 뭐예요?"

사역도 없고, 수업도 없는 조용한 오후. 오랜만의 여유로 빈방에 누웠다. 밖은 오지게 더운데 바닥의 서늘함이 작은 위로가 되어 바닥과 더 밀착해 보았다. 나름 대학 생활 로망이 있었다. 우리 집안이 중산층은 된다고 생각했었기에, 부모님이 뽑아 준 아반떼 승용차를 타고 서점에서 읽고 싶은 책과 듣고 싶은 음반을 마음껏 집어 들며 살아갈 거라고 생각했다. 하지만 집은 망했고, 부모님은 우리 형제를 도울 여력이 전혀 없었다. 동생은 아르바이트로 용돈벌이를 하고, 나는 온갖 일을 해 오면서 생계를 유지했다. 그렇게 신세 한탄으로 생각이 많아지던 시간, 어느새 잠이 들었다.

"덜그럭, 덜그럭"

'너였구나!' 작은 소리였지만 낮잠을 깨우기에 충분했다. 현대식 주방에서 소리가 났다. 남은 음식과 비누를 갉아먹던 그 녀석 때문에, 주방 청소할 때 물과 함께 쓸려 내려오던 그놈의 배설물 때문에 나는 이놈에게 몹시 화가 나 있었다. 부족한 살림에 손을 대는 흉악한 녀석이었다. 어렵게 얻어 온 음식에 이 녀석이 먼저 입을 대면 나는 먹을 수가 없었다. 비누는 또 왜 먹는 걸까? 쪼그려 앉아 세수할 때면 비누에서 선명한 이빨 자국이 보였다. "에잇!" 짜증 섞인 소리를 냈지만 아까워서 차마 버리지는 못하고, 물로 대강 씻어서 거품을 낸 후 찝찝한 세수를 마무리했었다. 그런데, 흔적만 있고 대면한 적 없던 그 놈의 원수가 드디어 나타난 것이었다.

내 키보다 작은 방문을 조용히 밀어 주방을 내다봤다. 작은 회색의 생물, 생쥐가 보였다! 그간 얽힌 악연이 아니었다면 뒤태가 귀엽다고 생각했을지도 모르겠지만, 그때는 '적'이었다. 취향도 참 독특하지. 얼마나 맛있는지 내 비누를 정신없이 갉아 대고 있었다. 군대 용어로 '기도비닉'(企圖祕匿)이라 했던가? 그 녀석에게 '살금살금' 최선을 다해 은밀히 접근했다. 별 계획 없이 그저 복수의 열망으로 다가갔다. 나는 재빠르게 손을 뻗어 그 아이의 몸체를 집어 들었다. '아차!' 잡힌 녀석은 나름의 급박한 상황에 내 손을 물려고 발버둥 쳤다. 물리면 내가 더 타격이 클 수 있다는 생각에 더 큰 힘으로 움켜쥐었다. "찌~익" 고통스러운

지 하늘을 향해 고함을 질렀다. 막상 원수를 포획하고 나니 어떻게 해야 할지를 몰랐다. '묶어서 쓰레기통에 버려? 땅에 묻어?' 길게 고민할 상황은 아니었기에 일단 밖으로 나왔다. 눈앞에 공터가 보인다. 팔을 크게 몇 바퀴 돌려 공터에 던져 버렸다. 한참을 포물선을 그리며 날던 원수가 땅에 떨어진 후 기절했는지 잠시 움직임이 없었다. 하지만 벌떡 일어나 잽싸게 도망가 버렸다. 살려 보낸 것이 유효했던 것일까? 동네 쥐들에게 나의 흉포함이 전해졌는지 알 수 없지만, 더 이상 내 식품에 손대는 불청객은 나타나지 않았다. 비누도 매끈함을 유지하게 되었다. 한낮의 소동은 그렇게 나의 승리로 끝이 났다.

엄마 앞에서는 전도사 하지 마

"미안해요. 우리 교회는 더 이상 사역자 두기가 어려워서요."

밤낮 가리지 않고 일하며 버틴 휴학 생활. 학업 중에도 간간이 이어 오던 아르바이트. 어렵고 힘든 상황에서도 포기하지 않은 것이 있었다. 청소년부 교사로, 청년부 찬양 인도자로, 모든 예배 참석으로 최선을 다해 살았다. 과한 노동 탓에 때때로 병이 나 예배 참석을 못 하면 이상한 소문에 시달리기도 했다. "신학생이 믿음이 없는 건지 일한다고 예배도 빠지네." 교회에서 장학금을 받는다는 친구의 이야기가 왜 이리 속상하게 들리던지…. 하지만 속해 있던 공동체가 너무 좋아서, 최선을 다해 하나님을 사랑하며 살고 싶어서 버티며 머물렀다. 조금 이른 나이였지만, 일을 그만하고 사역자로 훈련받고 싶은 마음에 모든 아르바이트를 정리하고 있었다. 사역지가 필요했고, 그곳이 현재 속해 있는 교회였으면 좋겠다는 마음이었다. 하지만 내 마음과 교회 형편이 일치하지 못했고, 나는 사역지를 찾아 교회를 떠나게 되었다. 그렇게 나는 경기도 외각의 작은 교회 교육전도사가 되었다.

스물두 살의 전도사는 괴로웠다. 매주 기타 들고, 가방 메고 3시간 버스를 갈아타면서 교회로 가는 길이 결코 쉽지 않았다. 들고 다닐 손이 없어 대충 구겨 넣은 셔츠도 참 볼품없었다. 평일에는 학교, 주말에는 교회. 체력이 충전될 시간이 없었다. 고생과 수고는 더 커졌지만, 주머니는 더 가벼워졌다. 하지만 무엇보다 가장 어려운 것은 사람들이 나를 전도사로 부르는 것이었다.

'척'

삶이 고단하고 무거운데 괜찮은 '척' 하기가 어려웠다.
하나님의 뜻을 다 아는 '척' 사람들과 소통하는 것이 어려웠다.
주어진 과업을 잘 진행하는 '척' 능력자 코스프레 하는 것이 어려웠다.

여유로운 공강 시간, 캠퍼스를 걸었다. 마음도 그런데 비까지 내렸다. 갑자기 엄마가 보고 싶어 사람들이 잘 찾지 않는 공중전화 부스에 몸을 밀어 넣었다. 엄마는 내게 늘 그렇듯 밝으셨고 내 일상을 궁금해하셨다. 내 안부, 내 건강이 최고인 분이었다. 갑자기 왜 그랬을까? 통화하며 눈물이 왈칵 쏟아졌다. 세상 사람들이 말하는 '팔자타령'을 하고 싶었을까?

> "엄마, 나 사실 너무 힘들어. 몸도 아프고 돈도 없고 교회에서 괜찮은 '척' 어른스러운 '척' 하기도 너무 싫어. 근데, 엄마가 신학 하지 말라고 해서 이런 거 말하면 속상할까 봐, 엄마가 교회 안 다닐까 봐 말도 못 했어."

브레이크 고장 난 자동차가 되었다. 폭풍처럼 눈물이 쏟아졌다. 정리되지도, 뒤를 생각하지도 않는 말들이 쏟아지는데 엄마는 말씀이 없으셨다. 아들의 갑작스러운 행동에 무슨 생각을 하고 계셨을까? 나에게 실망하고 계셨던 것은 아닐까? 그때는 엄마를 배려할 여력이 없었다. 얼마간 내 감정은 필터링 없이 분출되었다. 시간이 지나 말은 없어지고 흐느낌만 남았다.

> "아들, 엄마 앞에서도 전도사 할 거야? 그냥 아들이잖아. 이렇게 말하고 울어. 그래도 괜찮아."

울보 전도사는 그 뒤에도 얼마간 수화기를 붙잡고 눈물을 훔쳤다. 엄마가 있어서 참 좋았다. 성도가 아닌 엄마라서 다행이었다.

목회 윤리가 뭘까?

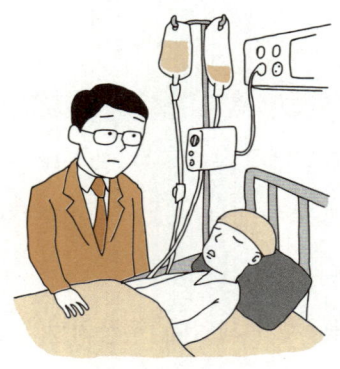

작은 빌라에서 시작된 신혼생활은 나름 괜찮았다. 대학원에 입학하면서 소속 교단으로 돌아갈 수 있었고, 작지만 따뜻한 교회를 섬기게 되었다. 20대 중반, 친구인지 배우자인지 모를 아내와의 결혼생활도 매우 즐거웠다. 결혼하니 학교생활도 더 안정되는 것 같은 느낌은 기분 탓이었을까? 가난해서 불편한 것은 많았지만 우리는 참 행복했다. 적어도 나는 그랬다.

"전도사님, 잘 지내세요?"

의외의 전화였다. 첫 사역지에서 지도하던 학생의 어머니 집사님. 사실 집사님과 자주 연락하던 사이가 아니었기에 교회를 떠난 뒤 몇 년이 지나 받게 된 전화는 너무도 뜻밖이었다. 반가움보다는 불안함이 몰려왔다.

"집사님, 잘 지내시죠? 그런데 무슨 일 있으세요?"

인사치레 안부와 함께 들려온 소식은 나를 스프링처럼 몸을 일으키게 했고, 당장 운전대를 잡게 만들기에 충분했다. 이것저것 잴 경황이 없었다.

"전도사님, 어떡해요. 우리 유림이가 지금 중환자실에 있어요. 뇌에 문제가 생겼다는데 원인도 모르겠고 의사는 어렵겠다는 말만 해요. 그런데 유림이가 전도사님을 찾아요. 보고 싶다고…"

첫 사역지에서의 청소년부 예배는 토요일이었다. 승합차를 끌고 운행을 돌며 아이들을 태워 왔고, 예배 후 저녁이 될 즈음에는 복귀 운행을 하며 아이들과 만남을 이어 갔다. 늘 지각하던 아이. 뻔히 태우러 가는 것을 알면서도 자고 있어서 깨워 기다렸다 데리고 오기를 몇 번인지, 지각하지 않을 때가 드물었던 아이였다. 뭔가 늘 뾰로통하고 말이 많던 여중생. 전형적인 모태신앙 청소년. 그래도 내가 이뻐하는 것을 알았는지 결석은 거의 없던 그런 친구였는데, 그 아이가 죽을지도 모른

목회 윤리가 뭘까? **147**

다니…. 그 소식은 어린 나에게 너무나 큰 충격이었다.

작은 경차를 급하게 몰아 경기도 모 대학병원에 도착했다. 중환자 면회 시간이 정해져 있었기에 시간에 맞추기 위해 무리한 운전을 했다. 다행스럽게도 시간을 맞출 수 있었고 집사님과 조용한 인사를 나눴다. 면회 시간이 가까울 무렵, 담임 목사님과 교인들이 들어왔다. 반가운 얼굴들이었지만 티를 낼 수 없는 상황인지라 조용히 목례만 주고받았다. 담임 목사님의 어두운 표정이 아이의 상황 때문만이 아니라는 것을 그때까지만 해도 짐작조차 못 했다. 중환자실에서 마주한 아이. 아무 말 없이 유림이의 얼굴을 보며 마음으로 기도했다. 부디 살려달라고…. 정해진 면회 시간이 끝나고 복도에서 성도님들과 근황을 나누며 가볍게 인사를 나누었다.

"잠깐 이야기 좀 합시다."

담임 목사님이 따로 부르셨다. 조용히 비상계단으로 향하더니 불쾌함을 표하셨다. 아니, 불쾌를 넘어 분노를 쏟아 내셨다.

"어떻게 알고 온 겁니까? 교회 떠난 후 이렇게 교인들과 연락하는 거 아닙니다. 목회 윤리에 어긋나는 거예요. 앞으로 절대 교인들과 접촉하지 마세요."

상황을 설명했다. 아니, 해명이라고 해야 맞을까? 하지만 소용이 없었다. 이미 나는 윤리도 없는 나쁜 전도사였다. 아이는 중환자실에서 생(生)과 사(死)를 넘나들며 치열했다. 그리고 밖에서는 목회 윤리의 뜨거운 강연이 이어졌다. '대체 뭐가 중요한 걸까?' 내려오는 차 안에서 목사님 입장으로 이해해 보려 애써 보았다. '20대 중반의 타 교단 전도사. 거리는 차로 약 3시간. 앞으로 접촉점 없을 가능성 높음.' 전혀 신경 쓰일 부분이 없을 것 같은데…. 모르겠다. 목회 윤리가 죽고 사는 문제보다 더 중요했었나 보다.

바닥이 부서진
예배

"전도사님! 스피커 여기다 세팅할까요?"

찬양팀 청년의 외침에 오케이 사인을 보내고 다른 장비들을 정리했다. 현장은 분주했다. 하지만 설레였다. 폐교를 빌려 전교인 수련회를 준비하는 중이었다. 전교인 100여 명이 되지 않는 작은 교회의 외부 수련회는 일거리는 많아도 소소한 재미가 있었다. 시골 학교를 빌려 진행하는 수련회는 어린 시절 운동회 추억을 소환하기에 충분했다. 식사는 가정마다 준비해 온 특식으로 풍성했다. 젓가락만 들고 여기저기 기웃거리며 교역자의 특권을 누려 보았다. 담임 목사님은 못 하지만 나는 할 수 있었다.

무엇보다 가장 기대되는 시간은 저녁 집회였다. 워낙 뜨거운 교회인지라 집회를 준비하는 나는 물론이고 성도님들 역시 저녁 시간을 기대했다. 그러기에 음향과 찬양에 더 신경 쓰고 공을 들였다. 꼼꼼하게 악보를 챙기고, 찬양팀을 모아 합심해서 기도하고…. 그렇게 집회 시간이 다가왔다. 성도님들은 이미 방석에 앉아 기도하며 예배를 준비하고 있었다. 찬양팀의 준비 기도, 회중들의 간절한 기도가 경쟁하듯 커지며, 예배가 시작도 되기 전에 이미 현장은 불바다가 되었다.

"예수 우리 왕이여. 이곳에 오소서"♪

시간이 되었다. 기타와 함께 잔잔하게 울리는 찬양 소리에 회중들이 잠잠해졌다. 기도 소리가 그렇게 컸는데, 나의 기타 소리와 목소리에 회중은 잠잠하게 반응하며 함께 주님의 임재를 간구했다. '세상에 이런 행복이 있을까?' 한마음으로, 한 성령을 초청하며 예배하는 공동체가 있다는 것에 얼마나 감사했는지 모른다.

"나의 왕 앞에서 노래하며 춤을 춰!"♪
"주님 내게 선하신 분, 나 춤을 추네, 나 주께 외쳐, 나 주께 뛰네!"♪

교실을 꽉 채운 사람들은 외치고 뛰며 주님을 기뻐했다. 우리의 상황과 현실을 넘어 하나님은 나의 왕이시며 기쁨이라는 선포와 함께 뛰었다. 평소 말 안 듣던 주일학교 학생도, 찬양팀으로 섬기고 있는 청소년도, 한쪽에 아기를 재운 엄마도, 검은 머리보다 흰머리가 더 많은 노인도, 한국 여인과 결혼한 외국인도…. 숨이 찰 정도로 뛰어 돌며 함께 예배했다. 그때…

"우지끈!"

관리되지 못한 건물의 문제였을까? 그 자리에 있던 사람이 무거웠을까? 나무로 된 낡은 바닥이 망가지고 말았다. 뛰며 예배하다가 옷매무새가 망가지는 경우는 많이 봤지만, 바닥이 부서지는 경우는 처음이었다. 나만 처음은 아니었을 것이다. 잠시 후 주변이 조용해졌다. 누군가는 뻘쭘했고, 누군가는 빌린 곳이다 보니 어떻게 해야 하나 난감해했다. 그 순간…

"여러분, 너무 신경 쓰지 마세요. 제가 수련회 끝나고 다 수리할 테니 계속 예배드립시다."

한 집사님의 투박한 사투리에 우리는 다시 뛰어다니며 예배를 시작했다. (그 구멍만 피해 조심하며….) 나는 그렇게 평생 어느 곳에서도 경험하지 못할 '바닥이 부서지는 예배'를 경험하게 되었다. 바지가 내려가도록 열정적으로 예배했던 다윗, 오랜 신앙 선배의 에피소드가 더 이상 부럽지 않았다.

저 진짜 목사 맞는데요

안수받으면 슈퍼맨이 될 줄 알았다. 성령의 뜨거운 능력이 내 온몸을 감싸며 능력치가 상승할 줄 알았다. 설교의 탁월함이나 은사까지는 아니더라도 뭔가 변화가 있을 것이라고 기대했다. 하지만 목사 안수 후 내 삶은 별반 다르지 않았다. 여전히 교회에서는 차량 운행과 교육부서 예배와 찬양 인도로 분주한 사람이었고, 가정에서는 코빼기도 보이지 않는 못난 남편이자 아빠였다.

"아, 그 문제를 어떻게 풀지?"

교회의 여러 가지 난제를 두고 고민하며 교회 물품을 사기 위해 광복

동 거리를 걸었다. 교회의 사역도, 나의 진로도, 집안의 어려움도 내 힘으로 감당하기에는 어느 하나 가벼운 것이 없었다. 그렇게 발걸음도 무겁게 이동할 때 누군가 말을 건넸다.

"참, 덕이 많아 보이세요."

덕은 그 사람이 더 충만해 보였다. 복장은 촌스러울 정도로 수수했지만, 목사인 나보다 더 친절한 음성과 미소를 장착했다. 자기 정체를 밝히지 않았지만 나는 그가 누구인지 알아볼 수 있었다. 정해진 패턴의 이야기. 그는 현대판 '도인'이었다. 조상 이야기, 제사 이야기를 풀어가며 그가 내게 던진 마지막 말은 역시 예상과 다르지 않았다. "도를 아세요?"

"네, 도(道)를 찾는 구도자는 아니고요. 도(道)를 전하는 전도자입니다. 같은 종교인인데 저에게 너무 힘 빼지 마세요. 저는 개신교 목사입니다."

상대가 흠칫 놀랐다. 그는 크게 손사래를 하며 목소리를 높였다. 도를 전할 때보다 목소리가 더 컸다. "에이, 아무리 우리가 귀찮아도 그런 말씀 함부로 하는 거 아닙니다. 목사님 사칭하면 못 써요!" 그의 과한 손짓에 나는 순간 공중에서 쫓겨 다니는 파리가 되었다. 내가 목사라는 사실이 그렇게 충격적일까? 겸연쩍음에 내 복장을 살피고, 죄 없는 내 손도 보았다. '저렇게까지 놀랄 일인가?' 도인 앞에서 목사는 몹시 당황스러웠다.

나는 한동안 도(道)와 진리(眞理)가 아닌 나의 정체성을 두고 그와 옥신각신했다. 자존심이 좀 상했던 걸까? 목사 신분증이 있다면 보여 주고 싶을 정도였다. 끝이 없던 이상한 논쟁도 끝나고 그는 나의 자백(?)을 듣지 못한 채 한 마디 남기며 돌아섰다. "앞으로 그러지 마세요. 그러다 벌 받아요." '허걱…' 내가 진 느낌이었다. 당당하게 갈 길을 가는 그와 다르게 나의 목소리는 파리처럼 앵앵거렸다.

"나 진짜 목사 맞아요."

그 후의 이야기

10년이 더 지난 지금. 이제는 어디 가면 "전도사님이세요?"라는 말을 많이 듣는다. 종교인 비슷한 이미지가 느껴지나 보다. 이제야 전도사 정도로 보이기 시작한 걸까? 한편으로는 다행이다 싶은 생각도 든다. 승진된 느낌이랄까? 기회가 주어진다면 다시 그 도인과 마주하고 싶다. 그리고 우리 교회에 초대해 주보 한 장을 내밀며 말해 주리라. "거 봐요. 저 목사 맞죠?"

셋째 이야기,

관리소장,
"하나님의 한 수"

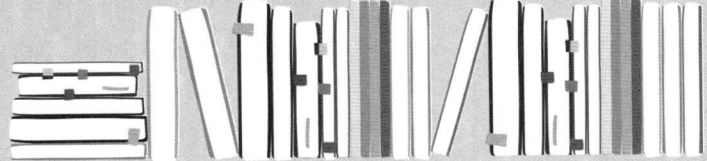

관리소장이 된 목사

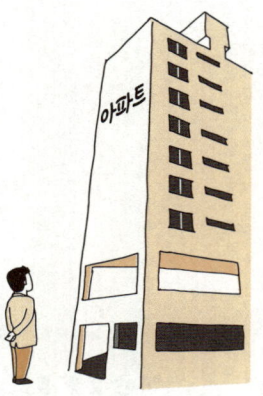

"그 어려운 개척 교회 목사로 어떻게 살려고요."

부목사 생활을 정리했다. 7년을 함께 했던 성도들, 밤낮 살피던 교회 건물과 시설, 어려운 일을 함께 치뤘던 동료들과도 헤어지게 되었다. 교회 가족들은 손을 잡고 위로와 격려를 건넸다. 자격 없는 내게 전해지는 감사 인사에는 민망한 마음마저 들었다. 그리고 모든 익숙한 것에서 떠나게 되었다. '이렇게 또 걸음이 옮겨지는구나.'

이때 가장 속도를 내서 해야 할 중요한 일이 있었는데, 개척지 선정? 개척 멤버? 비전 선포? 아니다. 오실 사역자를 위해 얼른 사택을 비워

드리고 우리 식구들이 살 집을 찾아야 했다. 하나님께서 조급한 마음을 살피시고 불쌍히 여기셨을까? 재정은 어려웠지만 넓은 집을 허락해 주셨다. 개척 앞두고 내 생에 이렇게 너른 집에서 살게 될 줄은 상상해 본 적이 없다.

"우리 이런 아파트에서 살아도 돼요?"

개척 교회 목사가 너무 큰 집에 사는 것 아니냐며, 아내는 좋아하면서도 불안한 듯했다. '그렇지. 주변 시선이 염려도 되겠지.' 나 역시 그런 부담은 있었지만, 하나님께서 허락하신 개척 선물이라며 우리 부부는 금방 재잘거리며 털어 버렸다. 40세대, 한 동짜리 작은 아파트였지만 우리 가정에 차고 넘치는 집이었다. 그리고 하나님께서 이어서 준비하신 놀라운 선물을 그때까지는 짐작조차 하지 못했었다.

이삿짐이 부지런히 올라갔다. 승강기로 이사를 하면 사다리차 비용을 줄일 수 있었다. 하지만 아내는 사다리차로 이사를 해야 일하시는 분들이 덜 힘들다며 나를 설득했다. 최대한 일하는 사람들 덜 힘든 방식으로 이사를 진행하자는 제안에 나도 공감했다. 사다리차 덕에 짐은 빠르게 올라갔고, 숨을 좀 돌리며 우리는 승강기에 함께 몸을 실었다.

"관리소장 구함"

손 글씨로 써진 광고지가 붙어 있었다. 업무는 주차장 청소와 분리수거장 관리, 그리고 관리비 정산과 얼마간의 행정. 급여 80만 원. 호기심 가득 안고 아내에게 동의를 구했다. "해볼까?" 아내는 시원하게 응답했다. "그러시던가." 나는 그렇게 입주민 대표와 만났다. 지금까지는 여든 가까운 연세의 어르신이 관리를 해왔다는 상황을 전하며 생각보다 젊은 사람의 지원에 흥분하고 반기는 기색이 선명했다. 촉이 왔다. '이건 합격이다. 거래를 유리하게 끌어갈 수 있겠다!'

"아파트 측에서 원하시는 업무는 다 해드릴 수 있습니다. 하지만 경비처럼 상주 근무는 어렵습니다."

당찬 제안이었다. 안 되어도 그만이었다. 일에 파묻혀서 목회를 못 할 정도로 살 수는 없는 것 아니겠는가. 내가 어떻게 여기까지 왔는데 목회를 접을 수 있겠는가. 새로 선임된 대표라는 분이 흔쾌히 손을 잡았다. 합격! 나는 그렇게 작은 공동주택의 관리소장이 되었다. 하나님은 참, 나를 묘하게도 끌고 다니셨다. 살길은 열어 주시는데, 편안한 길은 한 번도 없었다. 그렇게 나는 계획에 없던 '일하는 목사'가 되었다.

조롱을 당하다

"〈공동주택 관리법 제30조〉에 근거하여 소유자에게 부과 적립하여야 하며, 〈시행령 제31조 8항〉에서 임차인이 대신 납부한 경우 이를 돌려주어야 한다고 규정하고 있다."

공동주택 관리비 청구서에는 '장기수선충당금'이라는 항목이 있었다. 건물이 노후화됨에 따라 필요 비용을 미리 적립하는 것이다. 도색, 배관 수리 및 교체, 승강기 교체가 대표적인 내용이다. 한번 지출되면 워낙 큰 금액이 지출되었기 때문에 매달 적립을 했다. 또한, 장기적인 관리 영역이라 의무자는 세입자가 아니라 세대 소유자였다. 즉, 집주인이 납부해야 할 항목이었다. 하지만 매달 집주인에게 직접 받기가 쉽지 않아 관리비에 포함시켜 청구했다. 그러다 보니 문제가 생겼다. 상당수의 세입자가 미래의 관리 비용을 주인 대신 지불하게 되는 것이었다. 그래서 〈공동주택 관리법〉에서는 세입자가 이사 갈 때 관리실에서 정산받은 내역을 기준으로 집주인이 돌려주게 되어 있었다.

40세대 작은 아파트이기에 전출입이나 매매가 흔하지는 않았지만, 종종 발생하는 업무였다. 그러면 관리소장의 카리스마를 뿜으며 내역을 정리해 드리고 설명했다. 필요하면 적당한 중재를 하기도 했다. 지금까지 장기수선충당금 정산으로 겪은 큰 갈등은 한 번도 없었다. 숫자 정리를 돕는 아내에게는 조금 번거로운 일이었겠지만, 내역을 보면 누구나 수긍하는 부분이라 마음의 고단함은 없는 업무였다.

"아이고, 이사 가신다고요. 다음 가시는 곳은 조용한 집이면 좋겠습니다."

늘 층간 소음으로 고생하시던 세입자 한 분이 이사 가신다는 연락을 주셨다. 이사 가는 사유를 들어 보니 층간 소음은 아니고, 집주인이 바뀌면서 새 주인이 직접 거주하게 되어 나가게 되었다는 것이었다. 늘 술에 취해 인생 한탄하시는 독거 어른이셨다. 가끔 노동 현장에 나가 생활비를 벌어오는 것 같았는데, 퇴근길이면 이미 얼굴이 붉었다. 어느 날은 전화로 성경책 한 권만 구해 줄 수 있냐고 해서, 교회에 있던 깨끗한 중고 성경책을 전해 드리기도 했다. 이래저래 정이 들었던 분이었기에 조금 섭섭한 마음으로 인사를 나누었다.

"장기수선충당금? 그게 뭔 소리입니까? 당신 주택관리사 자격 없죠?"

소유자가 바뀔 때가 되어서야 처음으로 통화가 된 집주인. 전세로 살던 입주자에게 돌려주어야 할 장기수선충당금에 관해 차분히 안내했다. 하지만 돌아오는 반응은 조롱이었다. 나의 자격이나 무지함을 탓하기 시작했다. 거듭 설명을 드렸더니 본인이 세를 주는 주택이 여럿이고 부동산 중개 일을 하는데 장기수선충당금 내용은 처음 듣는다고 했다. 지금까지 3년간 전출입 시 한 번도 이런 내용으로 분쟁이 없었기에 조금 당황스러웠다. '내가 지금까지 잘못 알고 있었을까?' 조롱 섞인 소리에 화가 났지만 일단 꾹 눌러 참고 통화를 마쳤다.

지인 중에 공인중개사가 두 분 있어서 관련 이야기를 나누었다. 모두가 황당하다는 반응이었다. 그 사람은 엉터리 공인중개사이거나 돈을 세입자에게 내주기 싫어서 관리실에 으름장을 놓은 것이라고 했다. 관련 법규를 찾아보니 장기수선충당금은 정산 후 세입자에게 돌려줘야 하는 것이 맞았다. '이제 어떻게 할까?' 고민됐다. 사실 어차피 집 팔고 갈 사람이기에 다시 볼 이유가 없었다. 그리고 지금까지 정들었던 세입자 아저씨가 분명 피해 보는 상황이었다. 연체 한 번 없이 냈던 관리비에서 돌려받아야 하는 돈이었다. 그 돈이면 좋아하는 술도 편하게 마실 수 있을 정도는 되었다. 그리고 내가 무시당했다는 사실에도 너무 화가 났다. 전화기를 몇 번이나 들여다보며 고민이 깊어졌다. '그냥 확 한번 퍼부을까?'

그 후의 이야기

"그때는 미안했습니다. 교회 다니시나 봐요?"

시간이 지난 후, 나에게 원색적인 욕을 퍼붓던 그에게서 전화가 왔다. 이미 집을 팔고 나간 사람이 무슨 이유로 전화를 했을까? 욕하던 음색도 부드러워졌고 말을 빙빙 돌렸다. 당시 본인의 개인적인 사정으로 감정 조절이 안 되어 말을 험하게 했다며 사과했다. 어머님들의 흔한 가르침처럼, "미안해"라고 했으니 "괜찮아"라고 해야 하는데 그러지를 못하겠다. 나는 여전히 괜찮지 않았다. 나의 카톡 사진을 보며 같은 교인이라는 생각에 미안함을 전해 온 것이었다. '같은 종교를 가져서 미안하다고?' 솔직히 수용이 안 됐다. 종교가 다르면 그리해도 된다는 말인가? 어정쩡하게 사과를 받고 전화를 끊었다. 욕먹을 때보다 더 무거운 찜찜함은 무엇일까? 차마 목사라는 말은 하지 못했다.

조롱을 당하다

안녕하세요.
벤츠 두 대입니다

'어떻게 이렇게까지 쓰레기가 쌓일 수 있지?'

전임자의 소홀한 관리로 아파트는 너무 지저분했다. 70대 어르신이 관리했던 것을 감안하더라도 이건 너무하다는 생각이 들었다. 분리수거장은 얼마나 묵혔을지 짐작도 되지 않는 쓰레기로 가득했다. 나는 관리소장이 된 후 며칠간 쓰레기만 치우고 있었다. 처음에는 재활용품과 쓰레기를 분리하다가 포기하고 자루에 쑤셔 담았다. 쓰레기를 뒤적이다 갑자기 튀어나온 쥐 때문에 나도 모르게 욕이 나왔다. 쥐와 눈이 마주친 것도 정말 오랜만이었다. 몸살이 날 지경이었지만 '나는 군인이다.'를 속으로 되뇌며 3주를 그렇게 보냈다. 결국 1톤 트럭 두 대가 와서 폐기물을 실어 나른 후 비로소 나는 쓰레기로부터 자유를 얻게 되었다.

땀과 먼지에 범벅이 돼서 퇴근하면 더러운 몸을 소파에 잠시 맡겼다. 씻어야 한다는 상식을 모른 체 호흡을 정리했다. 교회를 개척한 목사인지, 노동자로서의 삶이 시작된 것인지 헷갈리며 머리가 더 복잡해졌다. '맞다! 오늘 수요일이지?' 요일 지나는 것도 모르고 살아갔다. 개척은 했지만 아직 예배가 시작되지 않아 사임한 교회 수요 집회 찬양 인도를 당분간 이어 가기로 했었다. 얼른 씻고 집을 나서야 했다.

"여보, 나 수요예배 가기 싫어."

목사가 할 말인가? 사실 평생 처음으로 해본 말이었다. 가기 싫었던 적이 없지는 않지만 차마 입으로 꺼내지는 못했었다. 하지만 정신이 이미 통제력을 잃어 실언을 허락해 버렸다. 아내가 뭐라 하지도 않았는데 나는 내 입을 틀어막았다. 그래, 수요일, 금요일 저녁 예배에 나오는 분들은 대단한 헌신을 이미 드리는 것이었다. 퇴근 후 교회로 달려온다는 것만 해도 엄청난 믿음의 반응이고 신앙이라는 것이 체감되었다. 그제야 알게 되다니…. 그날 나의 투정은 큰 스승이 되었다.

엄청난 양의 쓰레기를 치우고 나서야 관리소장의 일상 업무를 익히게 되었다. '행정, 관리비 정산, 협력 업체 사장님들과의 업무 조율, 세 층의 주차장 청소와 매일 분리수거장 정리.' 기술이 크게 필요치 않았고 성실하게만 감당하면 될 일이었다. 그러고 보니 중소형 교회 부목사 업무와 상당히 닮았다. '소소한 건물 관리, 행정, 민원 정리.' 목회 활동을 제외한다면 거의 부자(父子) 관계처럼 많은 부분이 교회 업무와 닮아 있었다. 상대해야 할 사람이 교인이 아닌 입주민이라는 것 정도가 차이일 뿐? 하지만 이는 내 삶을 흔들어 댈 정도로 엄청난 차이라는 것을 당시에는 알지 못했다.

"새로 오신 소장님인가 보죠? 안녕하세요. 저 벤츠 두 대입니다."

싸늘하고 앙칼진 음성이 쓰레기를 처리하고 있는 내 뒤통수에 꽂혔다. 처음 보는 젊은 할머니 한 분이 서 있었고 호의적인 태도라고는 1도 보이지 않았다. 그렇지만 내가 누구인가. 교회 밥이 얼마인데 이 정도 느낌에 미소를 잃을 수는 없었다. "안녕하세요. 몇 호 입주민이세요?" 자신의 정체를 벤츠 두 대로 표현하는 사람에게 나는 지극히 기초적인 정보를 요구했다. 상대가 어느 세대 입주민인지를 알아야 했으니까. 사실 벤츠 두 대는 내게 아무 감흥을 주지 못했다. 차량 정보를 밝힘으로 내가 더 겸손하기를 바랐던 것 같은데, 요즘 젊은 세대를 모르시는 듯했다. 상대가 벤츠를 타든 아우디를 타든 젊은 세대는 크게 신경 쓰지 않는다. 내가 경차 스파크를 타도 상대의 외제 차에 기죽을 이유는 없었다. (난 나니깐.) 의도대로 내가 굽혀 주지 못해서였을까? 아주머니의 2차 공격이 이어졌다.

"나 12층 살아요. 알죠? 복층 50평."

그렇다. 40세대 중 가장 위층 네 집은 가장 큰 50평이었다. 벤츠 공격에 이어 아파트 크기로 나를 압도하려 했으나 이 역시 유효타가 되지 못했다. 내게 50평 세대는 관리비를 더 내야 하는 입주민일 뿐이었다. 하지만 시간이 지나 깨달아지는 부분은 있었다. 조금 숙여 주는 척이라도 하는 것이 상대를 배려하는 것임을 말이다. 재산 공개를 첫인사로 하는 사람이 있을 줄은 상상도 못 했기에 미처 적절한 대처를 못 했다. 하지만 내가 몰랐던 것이 하나 더 있었다. 이 아주머니가 우리 아파트의 빌런(villain)이며 나와의 악연이 앞으로도 계속 깊어질 것이라는 사실을⋯.

관리소장, 태풍과 만나다

'오늘 잠자기는 틀렸네.'

태풍 소식이 있을 때는 늘 긴장이 되었다. 건물 관리가 안 된 아파트, 어디서 무슨 일이 생길지 모르기 때문이다. 태풍, 장마와 같은 가혹한 상황에는 전혀 예상치 못한 문제가 생길 수 있기에 그날도 잠을 포기했었다. 물론 내가 자지 않는다고 해서 폭풍 중에 혼자 할 수 있는 일은 별로 없었다. 이를 알면서도 잠을 잘 수 없는 것은 관리소장의 책임감이랄까?

'순찰이나 한번 돌아볼까?'

새벽 1시. 예상보다 밖은 더 요란했다. 집 안에서도 태풍의 무서움이 느껴졌다. 아파트 옥내 순찰이라도 돌아보자는 마음으로 몸을 일으켜 어차피 다 젖을 것 같아 가벼운 복장에 우의를 걸치고 슬리퍼를 끌며 밖을 나섰다. 사람들이 드나드는 유리 자동문은 뿌려지는 비를 맞으며 요란스럽게 흔들리고 있었다. 이러다 부서지는 것 아닌가 싶은 불안감에 적당한 거리를 두며 살폈다.

'어? 장난이 아니네?'

밖이 보이는 옥내 주차장에서 태풍에 버티며 몸을 가눴다. 큰 도로 상황을 살피는데 보통이 아니었다. 왕복 6차선이 작은 수영장이 된 듯 가로등 불빛이 물에 일렁였다. 이사 와서 이 정도 상황을 본 적이 없었기에 잠시 물 구경하듯 살피다 갑자기 등골이 오싹함을 느꼈다.

'지하 주차장! 괜찮을까?!'

헐거운 슬리퍼를 급하게 끌며 계단을 뛰듯이 지하로 내려갔다. '앗!' 몸이 잠시 뜨더니 계단에 그대로 고꾸라졌다. 슬리퍼가 물기 있는 계단에서 이렇게 위협적이라는 것을 처음 알았다. 본능적으로 팔을 내어주고 허리와 머리를 지켰다. 일어나기 힘든 고통에 잠시 웅크리며 앉아 있어 보았지만, 드라마에서처럼 누군가 나타나 위로하거나 돕는 일

따위는 없었다. 아픈 팔을 붙잡고 몸을 일으켰다. 지하 주차장 상황을 봐야만 했다.

'아… 이게 뭐야…'

내 생에 이런 광경은 처음이었다. 아니, TV 뉴스에서만 보았다. 지하 주차장 진입로는 그야말로 계곡이 되어 있었다. 물이 쏟아져 내려오고 주차장 바닥은 이미 발목까지 물이 차올랐다. 배수펌프 한 개가 돌아가고 있었지만 역류되어 그마저도 주차장으로 다시 들어오고 있었다. 얼어붙은 듯 서 있다가 주차된 차량 먼저 이동시켜야 한다는 생각에 정신이 퍼뜩 들었다. 급히 차주들에게 전화를 돌리며 차량 이동이 시작되었다. 마치 군사 작전같이 긴박했다. 남자 입주민 몇이 함께 붙어 주차장 입구에 모래주머니를 쌓아 보았지만 역부족이었다. 이미 통제할 수준을 넘었고, 차오른 물로 인해 자칫 감전되지 않을까 싶은 두려움도 생겼다. 더 이상 아무것도 할 수 없음을 느끼고 일단 퇴각했다.

"이걸 어떻게 수습하지?"

황망한 상황에 차라리 여기가 군대였으면 좋겠다는 생각마저 들었다. '중대, 소대 인력이 함께 한다면 수습이 빠를 텐데, 이걸 어떻게 나 혼자 정리한단 말인가?' 이미 지하 승강기에는 물이 가득했다. 배수펌프

고장으로 물을 뺄 방법도 없었고, 119는 계속 먹통이었다. 무력감에 기계적인 몸짓으로 떠다니는 쓰레기를 치우며 생각이 깊어졌다. 인생의 별 경험을 다 한다는 생각에 왈칵 눈물이 났다. 다행스럽게도, 평소 친분이 있던 업체 사장님이 배수펌프를 가지고 와서 승강기부터 물을 퍼내며 수습에 진척이 보였다. 영화의 좀비처럼 생각 없는 몸놀림으로 계속해서 치우고 버리고 퍼냈다. 그런데…

"아! 진짜! ㅠ"

갑자기 짜증이 났다. 그날은 주일. 시간은 벌써 10시였다. 대강 물은 뺐지만 일이 다 정리된 것은 아니었다. 그렇다고 목사가 예배 인도를 안 할 수는 없지 않은가. 흠뻑 젖은 옷에 누더기가 된 슬리퍼. 내 차림이 처량했다. 팔은 여전히 욱신거리고 몸은 천근만근이었다. '그래도 예배는 가야지.' 급하지만 느리게 몸을 이끌며 집에 가서 샤워를 했다. 개척하면 목사는 '강단에서' 많이 울어야 한다는데. 나는 왜 자꾸 엉뚱한 곳에서 눈물이 날까. 샤워기 물인지 눈물인지 자꾸만 흘러내렸다. 누구 들으라는 듯이 혼자 중얼거렸다.

'나 부르신 거 맞죠? 개척 교회 잘할 수 있는 거죠?'

잠복(潛伏), 사라지는 고물을 찾아서

분리수거장은 돈 주고 버리기 아까운 물건들을 내어 버리는 곳이다. 하지만 누군가에게는 돈이 되는 물건이 모이는 장소이기도 하다. 폐지는 물론이고 고철과 공병은 어떤 이의 주 수입이 되기도 한다. 그래서 큰 규모의 아파트에서는 제법 큰 수익을 만들어 아파트 복지를 위해 사용하기도 한다. 하지만 내가 일하는 아파트는 규모가 작아 폐품으로 모을 수 있는 금액은 미비했다. 오히려 얼마간 돈을 만들기 위해 묵혀 두었다가는 분리수거장이 냄새나고 지저분한 공간이 되어 버리기 일 쑤였다. 실제로 전임 소장은 폐품을 관리해 월 2~3만 원의 현금을 만들기도 했다. 후문에 그 돈은 개인 용돈이 되었다는데 확인할 길은 없다. 여하튼 모으면 돈이 될 수 있지만 내 기준에는 득보다 실이 많았다. 지역에 고물을 취급하는 사장님과 연계하여 매일 수거하는 조건으로 아파트 측에서 일절 금품을 요구하지 않기로 결정을 내렸다. 얼마의 돈은 포기했지만, 입주민 누구도 불평하지 않았다. 매일 치워지는 폐품으로 아파트가 깨끗해졌으니 모두가 만족할 상황이 되었다.

"소장님, 요즘 폐지랑 고철이 왜 이렇게 안 나오죠?"

업체 사장님의 전화. 매일 수거하러 와보면 돈이 되는 폐지와 고철은 없고 잡다한 물건만 남아 있다는 것이었다. 이상하다는 생각이 들었지만, 그 물건을 누가 집어 갈까 싶어 며칠 더 지켜보자는 말로 통화를 마무리했다. 나는 고물이 좀 덜 나오는 날도 있을 수 있으니 그럴 수 있다고만 생각했다. 하지만 확실히 이상했다. 일주일이 지나도 고물은 모이지 않았다.

'누군가 몰래 가지고 가는구나!'

확신이 들었다. 마침 분리수거장을 비추는 CCTV가 있어서 늦은 밤부터 새벽까지 시간을 돌려보기 시작했다. 16배속, 32배속. 시간을 빠르게 돌리며 영상을 살펴봤다. 차곡차곡 쌓이는 폐지들. 그런데 어느 시간이 지나니 갑자기 사라졌다. 그 순간을 다시 천천히 돌려 보았다. 새벽 시간, 어느 노인이 수레를 끌고 들어와 차분히 야무지게도 돈 되는 물건만 담아 갔다. 매일매일 성실하게 찾아오셨다. 하… 고민이 깊어졌다.

잠복을 결정했다. 계약한 사장님께 미안한 마음도 들고, 이건 절도라는 생각에 잠복을 결정했다. 반드시 잡아서 경찰에 넘길 계획이었다. 아내에게는 며칠간 집에 못 들어갈 수도 있다는 말을 남겼다. 제법 비장했다. 밖에서 보일까, 관리실 불도 끄고 의자에 몸을 푹 묻은 상태로 새벽까지 뜬눈으로 지켜보았다. 첫날은 실패…. 반드시 다시 온다는 확신으로 둘째 날을 맞았다. 조금 지루해질 즈음, 드디어 나타났다. 영상에서 보았던 손수레와 할아버지. 익숙하게 고물을 챙겨 담아 조용히 대로변으로 빠져나갔다. 은밀히 따라가 보았다. 굽은 허리로 옆 건물의 폐지도 조용히 정리하며 수레에 물건을 쌓았다.

'이걸 어쩌지?'

무엇을 고민했을까? 나는 할아버지와 대면하지 못하고 조용히 관리실로 돌아왔다. 사장님과 의리가 있으니 할아버지를 제재했어야 했는데 차마 말이 나오지 않았다. 어찌할 바를 모르고 고민만 깊어졌다. 날이 밝은 후 고물상 사장님과 통화하며 밤새 상황을 설명했다. 상황의 난감함과 사장님을 향한 미안함이 버무려져서 말도 조리 있게 나오지 못했다. 하지만 사장님은 의외의 시원한 답으로 나의 고민을 해결해 주었다.

"아이고, 소장님. 그러면 그 영감님께 고물 다 드리세요. 우리는 여기 아파트 물건 없어도 아무 지장이 없어요."

정말 그래도 될는지, 미안한 마음에 한 번 더 되물으며 감사 인사를 드렸다. 내가 감사할 이유가 무엇인가? 하지만 감사했다. 이유가 뭐가 되었든. 그리고 부끄러웠다. 목사보다 사장님 마음 씀이 더 넉넉했다. 그리고 나는 한 번 더 잠복을 이어 갔다. 그 할아버지를 만나야 했다. 할아버지가 계속 도둑이 되게 할 수는 없었다. 새벽이 되니 어김없이 할아버지가 찾아왔다. 전날처럼 익숙하게 고물을 담아 아파트를 빠져나가는 길을 쫓아갔다. 그리고 용기를 내어 말을 건넸다.

"어르신, 제가 여기 아파트 관리소장인데요. 저희 고물을 매일 수거하실 수 있을까요?"

아무것도 모르는 척 요청을 드렸고 할아버지는 신이 나서 깨끗하게 정리해 가겠다는 약속을 하셨다. 이미 손수레에 실려 있는 우리 아파트 물건은 말이 없다. 할아버지와 나 사이의 비밀은 그 녀석들만 입을 다물어 주면 아무 문제 없을 듯했다. 그날도 그렇게 인생의 한 수(手)를 배웠다.

그 후의 이야기

그 후 할아버지는 새벽이 아닌 낮에 당당하게 고물을 챙겨 가셨다. 입주민이 간섭이라도 할라치면 관리소장님 허락이 있었다며 당당하셨다. 그리고 얼마 지나지 않아 다시 폐지가 쌓이기 시작했고 더 이상 치워지지 않았다. 아파트 미관상 좋지 않기도 했지만, 할아버지 신상이 염려되어 동네 고물상을 찾아다니며 할아버지를 수소문했다. 마침 한 고물상에서 할아버지 소식을 듣게 되었다. 갑자기 몸이 안 좋으셔서 병원에 며칠 계시다 돌아가셨다는 것이다. 아… 무엇을 위해 그리 고생하며 살다 가셨을까. 여전히 고물은 말이 없다.

괜히 인사했나?

"소장님, 혹시 교회 다니세요?"

입주민의 전화는 늘 긴장된다. 좋은 일로는 전화 받을 일이 그다지 없지만 그날의 전화 용건은 매우 신선했다. 나의 카톡 사진을 보았다며 신앙을 물어오셨다. 조금 쑥스럽긴 했지만, 딱히 감출 이유도 없기에 개척 교회 목사임을 밝혔다. "아이고, 그러셨구나. 역시 일하시는 모습이 다르시더라." 나의 쑥스러운 고백과 다르게 입주민께서는 아주 반가워하시며 연신 칭찬 세례를 해주셨다. 교회에 한번 가봐도 되냐는 말씀이 얼마나 반갑던지…. 그분은 출석과 함께 등록하셨고, 매주 예배드리며 눈물 흘리는 울보 성도가 되었다.

개척 교회 사모는 늘 바쁘다. 식사 준비, 예배 반주, 아이들 돌봄…. 그런데 그 와중에 손을 조금 다치게 되었다. 하지만 반주를 쉴 수는 없어서 상처를 싸매고 피아노를 쳤는데, 그 모습을 어느 울보 성도님, 아니 권사님께서 보시더니, 중학교 3학년 손자가 피아노를 친다며 반주자로 추천을 하셨다.

"목사님, 손자가 피아노를 좀 치는데 반주를 해봐도 될까요?"

무조건 환영이었다. 어느 지역의 중형 교회에 출석하던 아이는 그렇게 개척 교회 반주자가 되었다. 실력이 제법이었다. 그전 교회에서는 쟁쟁한 선배들 틈에서 반주할 기회가 없었다는 이야기를 듣게 되었다. '잘 왔다. 하나님께서 여기서 너를 쓰시려나 보다.' 얼마 뒤, 권사님의 세 딸과 사위 한 분이 교회에 방문하셨다. 물론 반주하는 아이의 어머니도…. '어머니와 아들이 다니는 교회가 어떤 곳인지 살피러 왔겠지? 아니면 단순 방문일지도….' 여하튼 내심 기대를 해보았다. 우리 교회에서 함께 교회를 개척하며 세워 가면 좋겠다는 생각, 대부분의 개척 교회 목사는 방문하는 교인만 있어도 이런 상상을 해보지 않을까?

"목사님, 지금 다니는 교회에 정식으로 인사를 드리고 나서, 좋은나무교회에 출석하겠습니다."

몇 주 후, 상상이 현실이 되었다. 협소한 공간에 내놓을 만한 시스템도 없는 교회. 목사 설교도 어눌하고 화려한 음악도 없는 교회에 등록하겠다는 뜻을 전하셨다. 둘 중 하나다. 교회 보는 안목이 없는 초보 신앙인이거나 함께 교회를 세우며 동역하고 싶은 바보 신앙인. 어느 쪽이든 상관없었다. 나는 무조건 '할렐루야'였다.

그분들의 등록 이후, 일터인 아파트에서 교회 가족들과 자주 만나게 되었다. 처음에는 허름한 작업복에 청소하는 모습 보이기가 다소 민망했지만, 오가며 나누는 인사에 불편함이 사라졌다. 오히려 자주 볼 수 있어서 '진짜 목회'가 이런 것 아닐까 싶은 생각마저 들었다.

"목사님께 인사드려야지. 뭐가 부끄러운 거야?"

권사님 댁에 놀러 온 손녀. 이제는 우리 교회 유치부 교인이 된 아이. 진짜 똘똘하고 예쁘게 생긴 딸이다. 아들만 둘 있는 나에게는 더 사랑스럽게 보였다. 교회에서 만나면 슬쩍 다가와서 아는 척을 하며 자기 인형을 자랑하는 아이를 어찌 사랑하지 않을 수 있겠는가. 그런데 아파트에서 만나면 너무 어색했다. 교회에서처럼 반갑게 인사를 건네지만 아이는 숨어버렸다. 하긴, 나의 행색이 좀 그랬다. 작업하는 복장에 목장갑을 끼고 있는 모습. 자꾸 몸을 숨기는 아이에게 나의 행색으로 인해 미안한 마음이 들었다. 괜히 아는 척을 했나 싶다.

어느 주일 아침. 이미 녹화해 둔 영상을 올려 두었기에 온라인 예배 준비는 끝났다. 그래서 주일 오전이지만 여유가 있었다. 갑자기 무슨 생각이었을까? 코로나로 교회를 사용하지 않아 청소하지 않았던 공용 화장실이 떠올랐다. 코로나 이전에는 매주 직접 청소했는데 한참을 청소하지 않았었다. 예상대로 화장실은 엉망이었고, 나는 뜨거운 마음에 갑자기 화장실 청소를 했다. 슬리퍼를 신고 반바지 차림에 고무장갑을 끼고 손에는 청소 솔을 들었다. 주일 아침에 목사가 그러고 있다.

"안녕하세요. 교회 가시나 봐요? 저는 여기 좋은나무교회 담임입니다."

성경을 들고 말끔하게 차려입으신 노부부가 청소하는 내 앞을 지나가셨다. 교회 가시는 길이라 확신하고 반가움에 인사를 드렸다. 그런데 어르신의 눈빛이 좀 불편해 보였다. 반가움은커녕 나를 경계했다. 나를 살피는 눈빛이 호의적이지 않았다. 하긴, 주일 아침에 슬리퍼 끌고 청소하는 목사가 좀 이상해 보일 수 있겠다는 생각이 들었다. 순간 거울에 나의 초라함이 비치며 묘한 감정이 밀려왔다. 짧은 시간 마주했지만, 그분도 나도 왠지 모를 어색함을 느꼈다.

'아, 이놈의 오지랖. 괜히 인사했나...'

미안,
용서가 안 될 것 같아

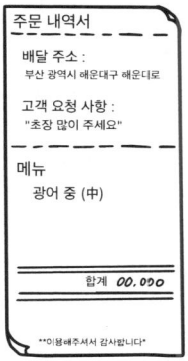

아파트 분리수거장. 정확히 표현하면 '분리수거용품 배출장'이 맞을 거다. 이곳은 분리수거가 가능한 물품을 내어 두는 공간이다. 그런데 이곳을 쓰레기 버리는 곳으로 착각(?)하는 사람이 있었다. 아니, 생각보다 많았다. 관리를 맡기 전에는 예상치 못했던 다양한 물품들을 이곳에서 마주하게 되었다.

회피 1순위는 위험한 물건이다. 칼, 쇠꼬챙이, 깨진 유리 등은 상당한 위협이 되었다. 여러 물품에 섞여 있는 것을 모르고 치우다가는 큰일 날 수 있었다. 가볍게 몇 번 다친 적이 있어서 이제는 미지의 쓰레기 더미 속에 함부로 손을 넣거나 번쩍 들어 올리지 않았다. 왜 저런 흉기를 분리수거장에, 그것도 '꽁꽁' 숨겨 두는지 모르겠다. 누구 하나 죽어 보라는 것일까?

회피 2순위는 더러운 물건이다. 사용한 생리대와 사용한 기저귀, 변, 배달 음식 쓰레기 등 정말 토할 것 같은 녀석들이 불쑥불쑥 나타났다. 아파트 공용 공간에서 이런 흉물과 마주할 때의 기분은 이루 말할 수 없을 정도로 불쾌했다. 다른 입주민 보기 전에 치워야 하는 사명이 내게 있었지만 나 역시 회피 본능이 앞서는 것이 사실이었다. 민망하게 구역질이 나오기도 했다.

'니가 왜 거기서 나와?'

분리수거장을 정리할 때면, 못 볼 꼴을 보는 황당함에 어느 트로트 가수의 노랫말처럼 혼잣말이 터지기도 했다. 한번은 지하 주차장을 청소하다가 구석에서 변을 발견했다. 사람의 것인지 동물의 것인지 모양으로는 애매했으나, 발견된 위치가 구석진 것으로 봐서 분명 사람의 소행이지 싶었다. 동물이 굳이 저 장소에서 변을 누진 않을 것 같았다. 아무튼, 치우기 싫고 구역질이 나는 바람에 한참을 그냥 두었다가 자연적으로 말라 냄새도 줄고 굳었을 때 치운 적이 있다. 관리소장 일 열심히는 했었는데, 가끔 모든 일에 주께 하듯 하지는 못했다. 비위가 너무 상해서….

관리소장으로서 계약된 근무는 주 5일이다. 주말에는 청소를 하지 않아도 되지만, 분리수거장은 하루만 그냥 두어도 그 기능을 상실할 지경이기에 주말에도 잠시 나가 물건을 정리한다. 너무 하기 싫지만, 지금도 주일이면 오전 예배가 끝난 후 바로 아파트로 향한다. 양복바지에 작업화를 신고 3M 장갑을 낀 이상한 차림으로 신속하게 정리한다.

'아... 오늘 이건 또 뭐냐?'

한 봉투 안에 음식물과 잡쓰레기가 사이좋게 모여 있을 때면, '그냥 치울까?' 예배가 끝난 후라 넉넉한 마음을 가지고 봉투를 까보았다. 뭔가 단서가 발견되면 주인에게 돌려줘야겠다는 선한(?) 마음이 역사한 것이다. 큰 비닐을 주차장 바닥에 깔고 봉투 안의 쓰레기를 다 쏟아 냈다. 주인공은 '회'였다. 한때 싱싱했을지 모르나 당시는 고약한 냄새가 났다. 주문하신 분은 채소를 싫어했었는지 함께 딸려 온 상추가 작은 비닐 안에 그대로 남겨져 있었다. 섞여 있는 휴지와 플라스틱 용기를 뒤적거려 보았다. 잔뜩 구겨진 주문서를 찾았다.

"초장을 많이 주세요."

광어회 사이즈(size)와 초고추장을 추가 요청한 특이 사항까지 기록되어 있었다. 심지어 주소와 연락처까지 남겨져 있었다. 그냥 넘어갈 수도 있었지만, 월급이 작은 관리소장은 용감했다. 입주민에게 전화를 걸어 그간 참아 왔던 분노를 터뜨렸다. 어벌쩡 넘어가려던 입주민은 음식 종류와 크기까지 설명하며 따지니 부인할 수가 없었다. 증거가 명백한 상황에서 연신 죄송하다는 말 외에 변명조차 하지 못했다.

유사한 일이 꽤 자주 발생했다. 더 이상 그냥 넘어가서는 안 되겠다는 생각에 주차장에 펼쳐 둔 쓰레기 사진을 찍었다. 경고문을 만들 계획이었다. 물론 그날 식겁한 입주민의 신상은 드러내지 않고 공지할 생각이었다. 까칠한 목사 관리소장이라는 말이 나와도 어쩔 수가 없었다. 예쁜 글꼴을 골라 큼지막하게 문서를 만들어 출력했다.

"관리소장이 요즘 시간이 많습니다. 특이한 물건이 분리수거장에 나와 있으면 하루 종일 CCTV를 돌리거나 관련 증거를 수집해 공개할 예정입니다. 서로 어려운 일 없기를 바랍니다."

윈도우 XP,
너를 보게 될 줄이야

급한 일이 없는 관리실은 평화롭다. 골치 아픈 민원이나 신경 써야 할 작업도 없다. 그럴 때면 작은 컨테이너 관리실에 앉아 소소한 업무를 보았다. 그런데! 이런 평화를 누릴 때 즈음 꼭 누군가 관리실로 다가온다. 점점 거리가 좁혀지며 예상 이동 경로가 거의 관리실로 확신 시 될 때! 아니나 다를까. 결국 관리실 문은 열린다.

"소장님 계시네? 혹시 우리 집 컴퓨터 한번 봐줄 수 있겠습니까?"

늘 이런 식이다. 관리실에서 조금이라도 여유를 가져 보려면 내 도움이 필요한 누군가 등장했다. 카랑카랑한 경상도 할매의 음성, 집에 있는 컴퓨터가 이상하다는 말과 함께 도움을 요청하셨다. 집의 컴퓨터 문제를 왜 관리소장에게 문의할까? 주로 어르신들이 계신 아파트. 자식들은 타지에서 바쁘게 살아가니 자식들에게는 미안해서 연락을 못 하겠다 하시는데, 내게는 별로 미안하지 않으신가 보다. 사실 컴퓨터는 물론이고 소소한 살림살이에 관한 도움의 요청이 많다. 이런 일에 엮이면 꼭 반나절 이상 소비되는 귀찮은 일이 된다.

"아, 그러세요? 컴퓨터 업체 전화번호 드릴까요?"

최대한 미소를 잃지 않고 여유롭게 응대했다. 내가 목사라는 것을 항상 인지해야 했다. 그렇다고 그 일을 떠안을 수는 없었다. 이럴 때 가장 유용한 회피 기술은 전문 업체와 연결해 주는 것이었다. 단순히 귀찮아서 그런 것만이 아니라, 기술도 없는 사람이 종일 고생한 후 해결 못하는 것보다 출장비를 지불하더라도 정확하고 빠르게 해결하는 것이 효율적이기 때문이다. 비겁한 변명일까? 여하튼 지역에 소문난 컴퓨터 업체 사장님을 소개해 드린 후 배웅했다. 하지만…

"어르신, 제가 고칠 수 있을지는 모르겠고 한번 올라가서 봐 드릴게요."

배웅 후 10분이 못 되어 할머니께 전화를 드렸다. 얼마 전 홀로 되신 분을 돌려보내는 뒷모습에 마음이 아렸기 때문이었다. "아이고, 소장님이 마음에 걸리셨구나." 돌아설 때 무거운 표정은 다 사라지고 환하게 웃으시는 모습이 전파를 타고 느껴졌다. 나를 의지하며 찾아오셨는데 매몰차게 돌려보낸 것 같아 죄책감이 밀려왔다.

노인 냄새가 조금 났지만 집은 깨끗했다. 안내받은 안방에 들어가 보니 구매할 때는 제법 비쌌을 것 같은 날씬한 본체의 대기업 컴퓨터가 있었다. 그 옆에는 정사각형 비율을 통해 연로함을 자랑하는 작은 모니터가 자리했다. '지금까지 정상적으로 작동되었을까?' 의구심을 가지고 전원 버튼을 누르고서 기다렸다. 으래, 오래, 아주 오래…. 다행일까? 부팅이 됐다. 맙소사. 부팅 화면에 나타난 화면, '윈도우 XP'. 호기심에 설정을 확인해 보니 메모리까지 '512MB' 추억의 사양이다.

"가끔 인터넷하고, 한글 프로그램만 돌아가면 돼요."

할머니께서 요구하신 조건은 이 녀석이 감당하기에 가혹했다. '인터넷은 될까?' 혹시나 인터넷 사용은 가능할까 싶어 눌러 보니 오랜 시간 후에 연결은 되나 페이지가 열리지 않았다. 이건 정말 노답이었다. 적당히 내가 만져서 살릴 수 있는 수준이 아니었다. 뭐라도 살릴 수 있나 살펴보다가 항복을 선언했다.

"할머니, 이건 도저히 쓸 수 없겠어요. 차라리 '당근 마켓'에서 중고라도 사신다면 제가 도와드릴게요."

내가 해드릴 수 있는 전부였다. 본체와 모니터를 합쳐 10만 원만 줘도 지금 이 아이보다 나을 거라는 조언을 해드리고 퇴장했다. 사실 내게 약간의 여유만 있어도 컴퓨터를 바꿔드리고 싶었지만 그럴 여력이 없었다. 오래된 윈도우 XP보다 내가 더 무능한 것 같아서 할머니에게 괜스레 더 죄송스러워졌다. (이번에는 내 잘못도 아닌데….)

아파트 순찰

"소장님, 어디 공사하고 있나요? 너무 시끄러운 소리가 계속 나요."

아파트 내 크고 작은 공사가 있으면 관리실에 신고를 해야 한다. 공용 부분의 공사는 물론이고 세대 내 리모델링 공사를 진행하더라도 관리실에서 모를 수 없었다. 그런데 공사하는 소리가 난다는 민원에 고개가 갸웃거려졌다. '신고가 안 된 공사가 있었나? 확인해 봐야겠군.' 어차피 늘 있던 아파트 순찰이 오후에 있던 터라 점심 식사를 서둘러 마쳤다.

승강기 12층을 눌러 가장 위에서부터 계단을 타고 내려오며 각 층을 확인했다. 1층 출입구 비밀번호를 어찌 알았는지 동네 마트 광고지가 각 세대마다 붙어 있었다. 그냥 두어 봐야 입주민에게도, 붙여 둔 알바에게도 좋을 게 없었다. 내려오며 하나씩 수거하고, 바닥에 떨어진 마스크도 줍고, 갑자기 비가 올 수도 있으니 열어 둔 창문들도 전부 닫았다. 1~2라인에는 공사의 흔적도, 골치 아픈 상황도 없었다. 땡큐.

옆 라인을 살피기 위해 12층에 올라갔다. 승강기 문이 열리면서 몹시 당혹스러운 장면이 눈에 들어왔다. 할머니 한 분이 얇은 옷 하나만 걸치고 채소를 현관에 풀어둔 채 다듬고 계셨다. 양도 엄청났다. 계단과 이어지는 공용 현관에서 뭐 하는 건가 싶었지만 당황하지 않은 척 안부 인사를 드렸다. 당황하지 않은 표정과 다르게 총총거리며 속히 아래층으로 걸음을 옮겼다. 가득 쌓인 채소를 보니 엉뚱한 생각이 떠올라 '피식' 웃음이 났다. '음식 쓰레기통이 금방 차겠구나.'

'나도 관리인 다 됐네.'

몇 층 내려가지 못하고 다시 걸음이 멈췄다. 할머니 한 분이 나를 보자, 잘 만났다며 잠시 들어와 보라 하셨다. 집안의 소소한 일을 자주 문의하시는 분이라 내심 긴장됐다. '이번에는 무슨 일일까?' 재촉하시는 소리에 따라 들어가 보니 텔레비전이 안 나온다고, 뭐가 문제인지 모르겠다고 좀 봐달라고 하셨다. '나라고 뭐 아나?' 그냥 이리저리 집에서 하듯 만져 봤다. 셋톱박스 확인하고, 선을 다시 연결해 봤다. 문제를 찾지 못하며 끙

끙거리다가 통신사에 전화를 걸어 겨우 해결했다. '휴, 일단 해결했다.'

시원한 거 한잔 하고 가라는 어르신을 뒤로한 채 얼른 집을 나섰다. 더 앉아 있다가는 집안의 가구를 옮겨야 할지도 몰랐다. 그리고는 몇 분의 입주민, 몇 건의 민원과 더 마주했다.

"요즘 계단에서 냄새가 나요."
"위층의 에어컨 물이 자꾸 떨어져요."
"건너편 고물상 못 쫓아냅니까?"

관리소장이 슈퍼맨인가? 종류며, 난이도며, 참 다양한 일들과 매번 마주한다. 단지 12층을 내려왔을 뿐인데, 진이 빠졌다. 내 체력이 문제인지, 사람들과 접촉이 문제인지 모르겠다. 40세대의 크고 작은 민원을 받아 내다 보면 경험치는 올라가지만, 기력은 소진되고 만다. 태극권의 고수처럼 물 흐르듯 흘려보내야 할 텐데, 그땐 나에게 그만한 내공과 기술이 없었다. 만신창이가 되어 관리실에 도착해서 잠시 의자에 앉아 멍하니 창밖을 보며 충전하는데…. O.M.G.

"어이~ 신 소장."

얼마 되지 않아서 돼지국밥집을 운영하시는 입주민께서 나를 큰 소리로 부르셨다. 아주 밝게 웃으셨지만 나는 그 미소의 의미를 경험상 이미 알고 있었다. 의자에서 몸을 일으키며 보이는 나의 미소가 왠지 억지스러웠다.

종교 전쟁

아파트에서 근무해 보니 세상에는 정말 많은 종교가 있다는 것을 체감한다. 학교 다닐 때 수업을 통해서 세계 종교를 배웠고, 타 종교를 두고 기도하기도 했다. 하지만 교회에 주로 머물던 내가 다른 신앙을 가진 분들을 실제로 만나기는 쉽지 않았다. 그렇지만 아파트에서 수개월 근무해 보니 굳이 알려고 하지 않아도 자연스럽게 입주민의 종교까지 알게 되었다.

개신교

개신교 신자는 가장 쉽게 파악이 가능하다. 내가 목사라는 것을 알고 반갑게 인사 나누는 것? 그런 것 없다. 오히려 감추려는 듯 침묵하는 사람이 더 많다. 하지만 결코 숨길 수 없는 증거가 있다. 현관문에 붙여진 교패. '순복음교회', '장로교회', '감리교회', 다양하기도 하다. 이분들에게는 관리소장이 목사라는 사실이 어느 누구보다 불편할 수 있었겠다 싶다. 같은 편이라 생각했고 조금은 다를 줄 알았는데, 의외로 실망감이 컸다.

천주교

목사를 대하는 태도가 부드럽다. 솔직히 가끔은 '오죽 못났으면 목사가 이런 일을 하나?'라는 눈빛이 느껴지기도 했지만, 겉으로는 온화하고 예의가 있었다. 그리고 중요한 것 한 가지. 삶에서 신앙인의 티를 안 냈다. '그리스도의 향기를 드러내지 않는다고?!' 개신교 입장에서는 불편한 이야기지만 우리는 삶에서 신앙을 드러내며 얼마나 많은 욕을 먹고 있는가! 차라리 신앙을 누군가에게 강요하지 않는 신사적인 가톨릭 신자들이 사회에서 더 인정받고 있는 듯하다.

재림교(안식교)

미국과 한국을 번갈아 오가며 사시는 멋진 노부부가 있었다. 늘 자비로운 미소로 남에게 피해 주기를 꺼리는 분이었다. 절대 타인에게 나쁜 말을 하지도 않았다. 1년 중 2개월 정도 한국에 들어와 쉬었다 가시는데, 들어오시면 꼭 나를 불러 선물을 나누어 주셨다. 아이들 쿠키, 커피, 초콜릿 등등. 커피 한 잔을 나누며 그동안 안부와 아파트 근황을 물어오셨다. 교회를 다닐 것 같은 느낌인데. 하지만 내가 목사라는 것을 알면서도 종교에 관련된 질문이 없었다. '목사인 관리소장이 불편해서 감추는 걸까? 그렇다면 이렇게 따로 초대하지도 않았을 텐데….' 한 번은 차를 마시며 집안을 슬며시 살펴보았다. 달력이 보였다. 가장 아래에 글자가 많다. 익숙한 느낌. '어느 교회를 다니시는 걸까?' 오래된 인터폰의 상태를 살피는 척 가까이 다가가 달력을 보았다. '제칠일안식일예수재림교회'. 이 멋진 노부부는 안식교인이었다.

남묘호렌게쿄

익숙지 않은 종교지만 주변에 신도가 생각보다 많다. 일본에서 창시된 불교인 것 같은데, 사실 잘 모르겠다. 다만 군대에서 만난 간부 한 분이 이 종교에 심취해 있었는데, 묘한 주문 같은 것을 자주 외우고 요가 같은 독특한 자세를 종종 했던 기억이 난다. 우리 아파트에도 있었다. 허허실실(虛虛實實). 사람 좋아 보이는 노부부지만 일 처리가 정확했다. 관용적인 말로 허술해 보였지만 만만치는 않았다. 드러나지는 않지만 철저하게 신앙 생활하는 느낌이 났다. 그냥 그렇다. 더는 알 수 없었다.

'여호와의 증인'

늘 다정해 보이는 젊은 부부가 있었는데, 그들은 '여호와의 증인'이었다. 정확히 직업이 무엇인지는 모르겠지만 낡은 승합차를 타고 어딘가 봉사하러 자주 다녔다. 왕국회관이 가까워서 우리 아파트로 이사 왔다는 이야기도 우연히 듣게 되었다. 교회 옆으로 이사 온 신앙. 말해 무엇하겠는가. 그리고 늘 사람을 챙기는 친절함까지 갖추었다.

아파트에 물난리가 났던 날. 들어온 물과 폐기물을 치워야 했기에 기술보다는 손이 필요한 상황이었다. 재난 상황을 혼자 수습할 수 없어서 입주민들에게 도움을 구했다. 누구도 나서지 않았다. '그럴 수 있다.'라고 생각하며 주섬주섬 일하고 있을 때, 장갑에 양동이를 들고 이 부부가 나타났다. "목사님, 언제든 도움이 필요하면 연락 주세요." 이 사람들은 나를 목사라고 불렀다. 지나가다 아파트 청소하는 나를 발견하면 간식거리를 사다 주고 가는 사람들이었다. 더 말해 무엇하겠는가. 여호와증인, 당신들이 이겼다!

"늘 고생 많으시죠? 저희는 잘 알고 있습니다."

승강기를 함께 타게 되었다. 인사치레일지 모를 말이지만 큰 위로가 되었다. 내가 고생하는 것을 알아 주는 것만으로도 격려가 되었다. 고마웠던 마음을 한껏 담아 건넨 말.

"역시! 이래 고생하는 사람 곁에는 알아 주는 증인이 있어야 한다니깐요!"

추호도 다른 의도는 없었다. 하지만 우리는 서로 잠시 어색하게 되었다. 아, 증인에게 증인이라고 말하는 것이 이렇게 실례가 될 줄 몰랐다.

우리 아파트에는 이외에도 다양한 종교나 신앙을 가진 분들이 있었다. 아파트 현관문에 누가 봐도 주술과 연관이 있는 물건을 걸어 두고 협박 문구를 써 둔 사람도 있었다. '이 물건을 가지고 가는 자는 저주를 받으리라.' 처음에 보고는 얼마나 놀랐는지…. 나를 늘 괴롭게 하는 그 아주머니는 호텔을 경영한다고 하더니만, 주변 입주민들에게 들어보니 이름을 지어 주고 돈을 받는 사람이라고 했다. 다행이었다. 나는 그 사람이 그리스도인일까 걱정했었다.

관리실에
에어컨이 생기다

더운 여름, 컨테이너로 제작된 좁은 관리실은 숨이 막힐 지경이다. 한여름이지만 오히려 바람이 살랑이는 밖의 형편이 더 나았다. 그래서 전에 근무하시던 분은 여름이면 집으로 올라가셨다고 했다. '그래, 여기 있다가는 요리가 될 것 같다.' 앞으로 누가 근무하든 냉난방이 전혀 안 되는 작은 컨테이너 사무실에서는 사람이 상주할 수 없을 것만 같았다. 상주는커녕 필요한 업무를 위해 잠시 머무는 것조차도 불가능했다.

아파트에 승강기 공사가 필요했다. 제법 큰 지출이 예상되었기에 몇 곳에서 견적도 보고 온라인에서 상담도 받아 보았다. 아파트 관리실은 이런 문제로 언제든 시끄러울 여지가 있었다. "소장이 돈을 얼마 받았다, 부실 업체를 선정했다, 업무 처리가 미흡하다." 등, 여러 말 듣기가 싫어서 최대한 신경 쓰며 진행했다. 공사는 다행스럽게도 기존에 관리하던 업체에서 맡게 되었다. 우리 시설을 가장 잘 알았기에 이 업체가 했으면 싶었는데, 마침 견적도 가장 낮은 가격을 제시했기에 입주민 대표도 오케이! 그렇게 공사가 진행되고, 잘 마쳤다.

"소장님, 공사 기간 고생해 주셔서 감사합니다."

공사 후 건네진 봉투. 내가 고생한 것이 전혀 없는데 사례라며 봉투를 주셨다. '응?' 평소보다 조금 더 자리를 지키고 앉아 있었던 것이 고생이라면 고생이랄까, 그럼에도 봉투 받을 일은 아니기에 웃으며 거절했다. 이유는 잘 모르겠지만 사장님은 조금 놀란 듯 표정을 보이셨다. 다른 아파트 소장님들도 이 정도는 다 받으니 받아도 된다는 말씀을 하시며 봉투 전달을 포기하지 않으셨다. 처음에는 소장님이라 하더니 잠시 후에는 목사님이라 부르며 몇 번을 설득하려 했는데, 목사라고 부르니 더 받기 어려워졌다.

"정직한 비용으로 꼼꼼하게 작업해 주시느라 사장님이 고생하셨죠. 저는 여기 일하며 절대 따로 봉투를 받지 않기로 마음먹었습니다. 앞으로도 안전한 시설이 되도록 잘 부탁드립니다."

사람 사는 정이 그런 것이 아니라며 몇 번이나 나를 설득하셨지만, 이 거 받는 순간 내 명예가 무너질지 모른다는 생각에 미소는 짓되 단호 하게 거절했다. 그리고 한 가지 사장님께 제안했다.

"사장님, 저는 어차피 몇 년 후 여기 떠날 수 있는 사람이에요. 그런데 사장님은 여기 소장 바뀌어도 계속 관리 이어 가셔야죠. 관리실이 여름 이면 찜통입니다. 그런데 에어컨 하나 사지 못하고 있어요. 차라리 사장 님 이름으로 에어컨을 기증해 주시면 어떨까요? 그럼 입주민들도 사장 님을 좋게 보실 것 같은데…"

순간적인 아이디어였지만 사장님도 나도 만족스러운 대안이었다. 즉 시 일은 진행되었고 제법 넉넉한 용량의 에어컨이 설치되었다. 나는 입주민들에게 은근히 소문을 냈다. 승강기 용역회사에서 관리실에 에 어컨을 기증했다고…. 바람대로 입주민들은 승강기 사장님을 칭찬했 고, 사장님은 계속 아파트 업무를 이어 갔다. '그래, 그거면 된 거다.'

그렇게 설치된 에어컨 덕에 가장 신이 난 건 나였다. 한낮 사무실 업무 가 가능해진 것은 물론이고, 야외 업무 후 잠시 땀을 식히기에도 그만 이었다. 하지만, 나도 눈치가 있지. 에어컨 실외기 돌아가는 소리에 입 주민이 불편해할까 신경 쓰였다. 한번은 에어컨 바람에 열 좀 식히고 있었는데, 멀리서 누군가 다가오는 듯했다. '관리실 방향이다. 큰일이다!' 사무실이 지나치게 시원했기 때문이다. 후덜덜. 나는 서둘러 리모컨을 집어 들고서 에어컨 전원을 껐다.

'그래, 눈치 좀 보면 어떤가. 에어컨 있는 사무실인걸.'

불편한 반상회

아무리 날이 더워도 혼자 쓰는 에어컨은 불편했다. 눈치가 보였다. 게다가 아파트에서 그만큼 불편한 것이 하나 더 있었는데, 반상회다. 그 자리는 안건이 무엇이든지 간에 늘 불편했다.

'고성, 갈등, 비난' 이 셋은 항상 있을 것인데 그중에 제일은 고성(高聲)이라.

경상도 아지매와 아재의 소리는 기본적으로 데시벨(볼륨)이 높았다. 본인은 화난 것이 아니라고 하는데 아무리 봐도 화가 많이 났다. 의견을 낼 때도, 건의 사항이 있을 때도, 심지어 부탁할 때도 화가 나 있었다.

냉정하게 분노의 이유를 분석해 보려 하지만 답을 찾을 수 없었다. 화를 낼 타이밍이나 이유가 아닌데, 소리는 점점 커지고 상대의 말을 부정하며 공격했다. 그나마 다행인 것은 우리 교회 성도님들은 이 반상회에 잘 참여하지 않는다는 것. 불참에 따른 벌금이 있지만 참석하지 않았다. 어쩌면 불편한 자리에서 담임 목사를 만나는 것이 더 불편해서 일지도 모르겠다. 나 역시 이런 자리에서 집사님들과 만난다면 편치는 않았을 테니까….

물론 반상회도 여러 가지 논의할 부분이 있었다. 아파트 옆 공터에 버스 차고지가 들어왔고, 배수관에 문제가 있어서 작은 공사가 추진되어야 했다. 역시나 그날도 난장(亂場)이었다. 뭐라 하는지 들리지도 않고 시끄럽기만 했다. 사실 반상회에서 관리소장은 3자의 입장이다. 입주민과 대표가 논의하고 결정된 것을 실행하는 위치이기에 격한 토론에 참여할 이유가 없었다. 내 의견을 내봐야 내 목과 마음만 상했다. 잠시 먼 곳을 바라보며 심신의 평온을 유지하고 있을 때 갑작스러운 공격이 들어왔다.

"관리소장이 누구요?"

얼마 전 이사 온 어르신이었다. 나를 몰라서? 아니다. 관리소장이 관리실에서 자리를 지키지 않아 짜증이 난 것이었다. 새로운 입주민이 생기다 보니 나의 근로 형태를 설명할 필요가 있겠다 싶어서 차근히 설명해 드렸다. "아파트에 필요한 일은 시간 가리지 않고 진행하고 있습니다. 다만 경비처럼 자리를 지키며 근무하지 않기로 처음부터 계약이 되어 있습니다." 이미 대부분 입주민이 알고 수긍하는 내용이었고 문제 될 부분이 아니었다. 그러나 그때….

"소장! 말이 나왔으니 말이지 입주민들이 수군거려! 불편하다고!"

입주민이기도 한 전(前) 관리소장님이 갑자기 더 큰 소리를 내며 따져 묻기 시작했다. 하… 저 어른 있을 때 아파트 상태를 생각하면 지금도 화가 난다. 더럽고, 노후 된 시설 방치되고, 미래 준비 따위는 없었다. 사실 내가 하는 고생의 절반은 저 어르신의 뒤처리 문제라고 볼 수 있었다. 그리고 현재 아파트 상황에서 고군분투하는 나를 누구보다 가장 잘 알 사람이었다. 게다가 전과 다르게 뭐가 좋아졌는지도 분명하게 알고 있을 텐데, 참 기가 막힐 노릇이었다. 할 말을 해야 할 것 같았다.

"제가 근무하면서 불편하신 부분이 많은데 말씀을 못 하셨나 봅니다. 제 생계를 염려해서 그러셨다면 염려 마세요. 요즘 최저시급이 올라서 주 5일 편의점 가서 일해도 여기 일보다 덜 힘들고 급여도 낫습니다. 그러니 좋은 사람 생기시면 반상회에서 정식으로 해임안 올리셔서 관리소장을 바꾸시면 될 것 같습니다. 저는 정말 괜찮습니다!"

정당하게 해임안을 올려서 결의하시라고 차분하게 말씀드렸다. 나는 고용된 사람이니 고용주가 맘에 들지 않으면 해고하면 그만이었다. 일도 못하면서 90만 원이나 받아 갈 이유가 없었다. 나를 위해 아파트가 존재하는 것이 아니라 아파트를 위해 관리인이 존재하는 것이니깐. 서운할 이유도 버틸 이유도 없었다.

"우리 새로운 소장님 와서 아파트 많이 깨끗해지고, 일 처리도 빠르고 좋습니다."

여기저기서 토닥이는 말씀이 이어졌다. 감사한 말씀이었지만 상처는 이미 받았고 흔적도 남았다. 날이 무지 더웠다. 그리고 사람들과 마주하기 갑갑했다. '나는 언제까지 아파트에서 일하고 있을까?' 벌써 만 3년이 지났다.

배신감

분리수거장 관리를 시작하면서 모으기보다는 버리기 시작했다. 폐지는 가능한 한 매일매일 수거할 만한 동네 어르신에게 맡겨 정리했다. 고철과 공병은 수집하는 어르신에게 드리거나 구청에서 수거하는 일자에 맞추어 내어 두었다. 몇만 원 수입을 내가 가지는 것보다 아파트의 청결이 더 가치 있다고 생각했기 때문이다. 그 결과 아파트는 정말 깨끗해졌다. 전 관리인, 한 사람의 작은 욕심이 그동안 아파트를 그리 불결하게 만든 것이었다.

그런데 문제가 생겼다. 이른바 돈 되는 재활용품을 수거하시는 어른들과의 관계 문제였다. 나도 없이 살아 보았기에 하루하루 폐지를 주워 용돈벌이, 생계유지하는 분들의 아픔과 고통에 공감이 되었다. 그래서 더 잘해 드렸다. 음료라도 하나 챙기고, 명절에 들어오는 선물이 있으면 나누기도 했다. 하지만 그런 관계가 오래가지 못했다. 이유는 다양했다. 갑자기 소식이 끊어져서 알아 보면 병환으로 일을 못 하시기도 하고, 불미스러운 어떤 일로 함께하기 어려워지기도 했다. 오래 함께 하면 좋겠는데 쉽지 않았다.

한동안 폐기물 수거하는 어른이 없었다. 수소문해 보니 병환으로 입원하셨다는데 아무래도 현장 복귀는 어렵지 않나 싶었다. 그래서 직접 폐기물을 정리하며 치우다가 인근 고물상의 소개로 새로운 어르신과 만나게 되었다. 비교적 건강해 보이고 말이 통해서 오래 같이 일하면 좋겠다는 생각이 들었다. 첫날 정식으로 인사도 드리고 안내도 할 겸 분리수거장에서 만났다. "어르신, 폐지, 공병, 고철 등 돈이 될만한 건 편히 가지고 가시면 되고요. 쓰레기는 스트레스받지 마시고 그대로 두고 가시면 제가 치울게요." 그리고 헌 옷 수거함은 다른 분 소유물이니 손대면 안 된다는 주의 사항도 전했다. 새로운 거래처를 터서 만족스러우셨을까? 아무 대가 없이 가지고 가시라 해서 기분이 좋으셨을까? 반복되는 감사 인사에 내가 다 민망했다.

"소장, 여기 헌 옷이랑 내가 다 가지고 가면 안 됩니꺼?"

며칠 후 만난 어르신은 처음과 다른 당당함으로 분명 안 된다고 말씀

드린 헌 옷을 요구하셨다. 감정이 조금 상했지만 타이르듯 다시 주의하셔야 한다고 말씀드렸다. 헌 옷 수거함은 고물상을 운영하는 아파트 입주민이 설치한 것이라 나도 무척 예민했다. 그렇게 수거하시는 어르신을 돌려보냈지만, 마음이 불안했다.

"소장님, CCTV 좀 돌려서 한번 찾아보이소."

헌 옷 수거함을 설치한 입주민의 전화가 왔다. 누군가 옷을 꺼내 갔다는 것이다. 수거함에서 옷 꺼내 가는 장면을 찾아내려면 내가 얼마나 많은 시간을 투자해야 하는지 알고 요청하는 것일까? 순간 짜증이 밀려왔다. 헌 옷값을 내가 주고 끝내고 싶었다. 찾아내기 쉽지 않을 거라는 답을 드리고는 관리실 CCTV를 돌려보기 시작했다. 무작정 찾으려면 너무 힘든 일이지만 약간의 힌트가 있으면 수고가 줄어들었다. 마음에 걸리는 부분이 있어 그 부분부터 검색했다. 하루 전 영상에서 고물 수집하는 어르신 모습이 나왔다. 이리저리 눈치를 보며 옷 수거함에 손을 넣고 옷을 꺼내어 챙기고 있었다. 분명 내가 그렇게 주의를 주었는데, 결국에는 이런 결과를 마주하게 되었다. 어르신들과의 이런 일, 처음이 아니었다. 벌써 몇 번째 반복되는 일인가.

'배신감'

어려운 분, 힘드신 분, 조금이라도 돕겠다는 생각으로 만났던 어른들이었다. 그런데 매번 결과가 이랬다. 나도 가난하지만 가난한 사람이 착하다는 동화 같은 이야기를 나는 믿지 않는다. 나도 나이를 먹어 가지만 나이를 먹음이 어른스러움을 보장하지 못한다. 실망감에서 정신 차린 후 가능한 한 정중하게 문자를 보냈다. 정해진 물품만 가지고 가셔야 함을 분명하게 전달했다. '분명 불쾌하다고 느끼겠지? 오히려 속으로 화를 내고 있을지도…. 어쩌면 수거하실 다른 어르신을 찾아봐야 할지도 모르겠다.' 마음이 여러모로 불편했다.

도어록의
슬픔

'이걸 받아? 말아?'

'벤츠 두 대' 아주머니 전화가 걸려왔다. 아주머니 전화를 받으면 통화가 길어지고 목소리가 높아진다. 매번 말도 안 되는 이야기로 사람 화를 돋았다. 그래서 받을지 말지 고민했다. 고민은 잠시, 받아나 보자는 마음으로 결국 전화를 받았다. 평소와 다른 톤의 목소리…

"우리 도어록이 좀 이상해요. 도와줄 수 있을까요?"

간절하게 도움을 요청했다. 이야기를 들어보니 전자 도어록 건전지 교체 알림이 울린 것 같았다. 뚜껑을 열어서 건전지만 교체하면 문제가 해결될 것 같다는 말씀을 전했다. 아주 간단한 문제였다. 내가 해야 할 의무도 없었다. 그리고 직접 방문하지 않아도 해결될 문제였고, 목소리가 높아지지 않아도 될 문제여서 마음이 놓였다. 그런데…

아주머니 : 건전지 교체를 할 줄 몰라요.
나 : 간단합니다. 뚜껑 모양으로 생겼어요. 사진을 찍어서 보내 주시겠어요?
아주머니 : 폰으로 사진 찍어서 보낼 줄 몰라요.
나 : 집에 아드님 있지 않나요? 저녁에 교체해도 될 것 같습니다.
아주머니 : 남편도 집에 없고, 아들도 요즘 밖에서 지내서 할 수가 없네요.

몇 번의 대화가 오가며 판단이 섰다. 결국 가봐야 했다. 집에서 쉬고 있다가 다시 일터로 향했다. 그래도 본인이 난감하니 목소리가 한결 부드러웠다. 그분 집에 건전지가 있을 리 없다는 생각이 들었다. 관리실에 있는 여분 건전지를 챙겨 출동. 빼꼼히 문을 여는 아주머니는 웬걸 표정도 부드러웠다. 아주 간단히 배터리를 교체하고 다음에도 같은 증상이 나오면 조치해야 할 방법도 반복해서 일러 드렸다. 평소 거의 원수로 지내고 있지만 간단한 건전지 교체조차 할 수 없어 나를 부른 걸 보니 아들과의 관계도 짐작되었다. 그냥 조금 짠했다.

며칠 후… 평소에 종종 연락 주시는 할거니의 전화가 왔다. 이분께도 붙잡히면 일이 많다. 텔레비전이 안 나와서, 전기 차단기가 떨어져서, 통신사 고객 센터와 연결이 안 되어서 등등. 여러 가지 어려움이 있으면 나를 찾으셨다. 혼자 계신 어르신이니 가능하면 내 어머니라 생각하고 도왔다. 방문해 보니 역시나 도어록 배터리 문제였다. 간단하게 조치를 하고 나오는데, 갑자기 할머니가 눈물을 쏟으셨다.

"몇 년 전에 할아버지 돌아가시기 전에는 이런 일 다 해줬는데. 이거 하나 못해서 소장님 부르고, 참 미안합니다."

당황스러웠다. 갑자기 돌아가신 남편의 자리가 크게 느껴지셨는지, 이런 상황이 서러웠던 건지 할머니는 젊은 소장 앞에서 불쑥 눈물을 보이셨다. 급하게 인사를 드리고 나오면서 생각이 많아졌다. 우리 가정에서 나도 소중하겠지? 어깨를 한 번 쭉 펴 보았다.

"여보, 원래는 내가 먼저 죽어야 좋을 것 같았는데. 안 되겠다. 내가 조금 더 살게."

두 어르신의 도어록 이야기와 함께 내가 더 오래 살아 보겠다는 말을 전해 들은 연상의 아내가 피식 웃었다. 웃음의 의미가 뭘까? 하긴, 아내는 이미 내가 없어도 수납장뿐 아니라 변기까지 고치는 여자였다. 아내 핑계로 더 오래 살겠다는 나의 이야기가 좀 우습게 들렸을지도 모르겠다.

어쨌든,
메리 크리스마스

성탄 전야...

어린 나이에 사역을 시작했기에, 20대 초반부터 12월이면 성탄 준비로 늘 바빴다. 주일학교 어린이부터 청소년까지 아이들을 어르고 달래며, 가끔은 화난 척 반협박을 하면서 무대에 올려야 했던 시간들, 빨간 목도리는 하지 않겠다며 버티는 남학생들 설득하느라 얼마나 진을 뺐던지…. 거의 이십여 년 가까이 그리 살았다.

하지만 지금은 말 안 듣고 도망 다니는 아이들이 없다. 매년 진행했던 식상한 프로그램도 하지 않는다. 개척 후 첫 성탄은 성탄 주일예배로 모여 예배드리는 것으로 끝. 성탄 당일과 성탄 전야는 가족과 함께 좋은 시간을 보내라는 광고로 넘어갔다. 매년 반복되는 행사로 아이들이 동원되며 고생하는 것이 내 기준에는 탐탁지 않았기 때문이다. 무엇을 위한 성탄인지, 그 모든 것이 본질과 얼마나 가까운지도 모르겠다. 그렇게 준비하는 행사가 예수님께 드리는 선물이 되는 걸까? 아무튼 당분간은 이렇게 지내 볼 생각이다.

12월 25일, 빨간 날. 예배 모임이 없으니 가족과 따뜻하고 행복한 공휴일을 보내고 있어야 했다. 하지만 매해 이 시간이면 늘 아이들 순서 챙기며 분주했던 손길이 다른 일로 인해 바빴다. 일기예보의 한파 주의에 동파 방지를 위해서 수도관을 확인하고 보온재를 채웠다. 불안한 곳은 전열선을 감아 보강했다. 능숙할 리 없었다. 어설펐다. 평소에 해 본 일이 아니니 당연했다. 하지만 이거라도 해둬야 할 것 같아서 할 뿐이었다.

"무슨 쓰레기가 오늘 이렇게 많이 나온 거야?"

치운 지 얼마 되지 않은 분리수거장에는 유난히 케이크 상자와 스티로폼 상자가 많이 나와 있었다. 기계적인 움직임으로 생크림이 묻어 있는 종이 상자를 펴서 정리했다. 스티로폼 상자는 스티커를 제거해 묶어 뒀다. 무거워진 허리를 펴 분리수거장에 잠시 주저앉아 쉬었다. 집마다 칸칸이 불이 밝게도 켜져 있었다. 쓸쓸한데 왜 웃음이 났던 걸까? 설명할 수는 없지만 그랬다. 시려오는 손발은 나를 재촉하지만 복잡한 생각은 몸을 일으킬 생각이 없었다.

"어쨌든 메리 크리스마스!"

스님,
택배 받으시지요

"소장님 정말 미안합니다. 부탁 좀 해도 될까요?"

입주민의 다급한 목소리가 스마트폰 스피커로 들렸다. 명절을 끼어서 길게 휴가를 왔는데 급하게 보낼 택배를 문 앞에 두고 보내지 못했다는 사정을 이야기했다. 용건은 자연스럽게 택배 발송을 부탁하는 것으로 흘러갔다. 너무 급하고 중요한 물건이라며 격하게 미안함을 표현하시니 거절하기도 어려웠다. 그리고 거절할 일도 아니었다. 그거 뭐 어려운 일이라고…. 심지어 이런 일도 있었다.

"죄송합니다. 우리 애가 전화를 안 받아요. 집에서 자는 것 같은데 깨워서 학교 좀 보내 주시면 안 될까요?"

어느 날, 한 집의 전자 도어록 비밀번호가 내게 공유되고 이른 아침 낯선 집 문을 열었다. 부모가 모두 외출한 상황에 아이 혼자 자고 있으니 깨워 등교를 시켜 달라는 것이었다. 조금 당황스럽긴 했지만 '얼마나 급하면 내게 전화를 할까?'라는 생각에 급히 찾아가 조심스럽게 문을 열고 들어갔다. "학생, 학생." 혹시나 집에 있을 아이가 놀랄까, 소리를 내며 들어갔는데 인기척이 없었다. 각 방 수색까지 해야 할 판이었다. 안방을 제외하고 문을 조심스레 열어 보니 덩치 큰 남자 고등학생이 퍼져 자고 있었다. 조용히 흔들어 깨워 어머니의 메시지를 전하고 나왔다.

"학생, 일어나. 학교 가야지."

뭐, 그런 일도 있었는데 이 정도야…. 택배 요청하신 입주민 집으로 향했다. 포장된 택배를 왜 이곳에 두었을까? 현관 앞 소화전 안에 잘 모셔져 있다. 보내야 할 주소는 흰 봉투 안에 넣어 두었다는데. "보자…." 택배 상자 아래에 흰 봉투가 보였다. 우체국이 멀지 않고 상자도 작아서 집어 들고 가볍게 걸었다.

'송정 우체국'

분명 해운대구에 주소지를 두고 있지만, 우리 동네 우체국은 시골스러움이 묻어난다. 좋은 뜻이다. 직원들도 몇 없고 조용하다. 주로 오시는 손님들도 할머니 할아버지가 많다. 그러다 보니 직원들이 한참 무엇인가를 설명하는 풍경은 늘상 있다. 가깝기도 하지만 손님이 많이 없어서 대기 시간이 짧아 이곳을 자주 찾았다. 최근 들어 큰 우체국에서 택배를 보내려면 '사전 예약 제도'를 강매하듯 권해서 불편했다. 그거 하면 손님이 편하다던데 우체국 직원이 편하려고 그러는 것 같아 좀 불편하다. 그런데 여기는 수기로 주소를 적어 직원에게 접수해도 온라인 접수를 압박하지 않아서 좋다.

"자, 주소를 적어볼까?"

'보내는 분의 신상은 내가 알고 있으니 그대로 쓰고, 받으시는 분 신상은 봉투에 있다고 하니 꺼내 보자. 흠⋯.' 주소와 받으시는 분 성함을 보고 피식 웃음이 났다. 받으시는 분 주소지는 멀지 않았다. 해운대. 그런데 '절(사찰)'이다. 받으시는 분의 연락처를 적으며 나는 큰 웃음이 날 뻔했다. 이름이 없고 그냥 '스님'이다. 이름을 모르시면 최소한 받으시는 분의 법명이라도 적어 보내시지. 암튼 나는 이름도 모를 그 '스님'에게 정성스럽게 택배 한 상자를 발송했다.

갑자기 수많은 중고 거래 기억이 떠올랐다. 내 주소를 문자로 보내 드리며 마지막에 "신재철 목사"라고 적었는데. 왜 굳이 직분을 표기했을까? 깎아 주는 것도 아닌데. '어떤 분은 태어나서 처음으로 목사에게 택배 보낸 분도 있겠지?' 그런 생각이 든 후로는 택배로 중고물품 거래할 때 교회 주소를 쓰더라도 '목사' 직분을 표기하지 않았다. 여하튼 태어나서 처음으로 스님에게 택배를 보내게 되었다.

목사가 스님에게 보낸 택배라…. 중고 거래에서도 이루어지기 힘든,[**] 신박한 경험을 하게 해주신 입주민께 감사의 마음을 전하고 싶다. (이렇게 일기 쓸거리를 주셨으니.) 그렇게 주어진 미션을 마치고 우체국을 나서며 갑자기 드는 생각. 조금 아쉬움이 남았다. 주소지가 멀지 않은 곳 같았는데 직접 찾아가서 대면했다면 더 큰 인연(因緣)이 되지 않았을까? 혹시나 스님과 절에서 차 한 잔 했을지도 몰랐을 텐데. 암튼 나도 참 엉뚱하지만, 그렇지 않은가?!

사람 인연을 어느 누가 알 수 있겠는가!

[**] 신박하다 : 인터넷 신조어. 게임에서 그 유래를 찾을 수 있지만 최근 '신기하다' '대박이다' 정도의 의미로 많이 사용하고 있다.

넷째 이야기,

만화냐, 승합차냐
그것이 문제로다

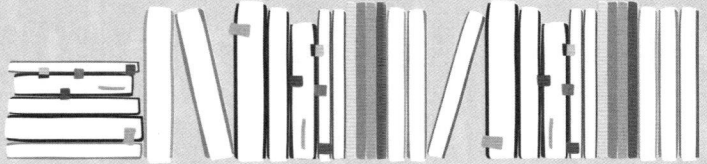

월세가 아까운데

"목사가 나타났다!"

어느 동네, 개척 교회 목사님이 길을 걸었다. 거리에 있던 상가 주인들이 속닥이더니 순식간에 사라졌다. 이 광경이 좀 익숙한데…. 맞다! 밤에 자다가 이상한 소리가 나서 불을 켰을 때 급하게 숨어 버리는 바퀴벌레? 미안한 표현이지만 딱 그 모습이다. 목사님이 나타나자 홍해가 갈라지듯 사람들이 피하기 시작했다. 그 목사님은 그런 능력의 종이었다. 홍해 앞에 있던 이스라엘 백성들처럼, 이 경험은 내게 실로 큰 충격이었다.

'어떻게 하면 동네 사람들과 친하게 지낼 수 있을까?'

개척을 준비하며 가장 큰 고민이었다. 어느 동네에서 목격했던 한 목사님의 모습이 내게는 큰 아픔으로 다가왔다. '지역 주민과 접촉이 있어야 한다. 동네에 교회가 유익해야 한다.' 내 깊은 고민을 듣던 스승님이 한 마디 던지셨다. "만화… 어떠니?" 철학 박사이면서 여러 권의 책을 쓰신 스승님이 내게 '만화'를 권하셨다. 순간 당황하긴 했지만, 역시 스승님은 내 수준을 정확히 보셨다. 지역마다 좋은 인문학 서적으로 채워진 작은 도서관이 많다. 하지만 생각만큼 사람들 방문이 많지 않다는 이야기를 들었다. 대중들에게 인문학의 벽은 여전히 높았던 것이다.

'그래, 어차피 나가는 월세. 만화방 만들어서 동네 사랑방이 되어 보자.'

예배당을 순수하게 종교 목적으로 사용하는 시간이 일주일에 얼마나 될까? 특히 개척 교회는 활용도가 더 떨어지는 것이 사실이었다. '얼마를 사용하든, 몇 명이 앉아 있든 월세는 나간다. 그렇다면 가능한 한 많은 사람이 사용하는 공간으로 만드는 게 좋은 거 아닌가?' 개척의 유행을 살펴보니 '카페 교회', '도서관 교회'와 같이 예배당을 다양하게 사용하는 교회가 있었다. 그리고 '가정 교회', '사무실', '학원 교회'와 같이 모임 장소를 자유롭게 선택하는 공동체도 있었다. 나는 어떻게 시작할까? 오래지 않아 고민을 끝냈다. 그날부터 교회 개척을 준비하는 목사가 성경보다 만화에 빠져 살기 시작했다.

"개척 교회에 무슨 만화? 거 참 이상하네."

비난, 의구심, 호기심, 기대. 다양한 반응이 앞뒤로 들려왔다. 하지만 나는 별 개의치 않았다. 언제나 그랬듯이 내 인생을 타인이 책임져 주는 일은 없다. 내가 결정했고 내가 달렸으며, 하나님께서 늘 등을 밀어주셨고 필요에 따라 수습도 해주셨다. 또 뭔가 되어 있을 것이라는 막연한 믿음으로 달리기 시작했다. 할 줄도 모르는 엑셀 프로그램을 열어서 보고 싶었던 만화책을 기록하고 정렬했다. 인터넷을 통해 요즘 잘나가는 만화책을 살폈다. 이건 대체 무슨 마음일까? 가슴이 뛰고 기대가 되었다. 부흥을 향한 기대? 아니다. 한동안 보지 못했던 추억의 만화를 쌓아 놓고 볼 수 있다는 생각에 내 심장은 요동치고 있었다.

열 개 교회가 개척되면 열세 개 교회가 문을 닫는다는 이야기가 있다. 그런 시절에 철없는 목사는 만화방 교회 개척을 준비하며 그렇게 흥분하고 있다. '드래곤볼', '슬램덩크', '쿵후보이 친미' 생각만 해도 설레였다.

만화냐, 승합차냐 그것이 문제로다

'덕스럽게 하자!'

담임 목사님 방에서 나오며 혼자 중얼거렸다. 개척 계획과 사임 시기를 의논했는데, 결국 조금 미루기로 결정했다. 교회 내부 사정과 담임 목사님의 안식년 문제 때문에 그리하기로 했다. 물론 고집부리며 사임하고 개척할 수 있었다. 하지만 하나님께서 '지금'이라는 신호를 주시지 않았는데 그럴 필요가 없었다. 모든 것을 덕스럽게 하자며 마음을 다독여 보았다. 결과적으로는 계획보다 많이 미루어졌지만, 괜찮았다. 좋아하는 목사님 곁에서 행복한 부목사로 살았으니 이 정도의 바람은 잠시 접을 수 있었다.

급히 사임하지 않고 부목사로 사역하며 개척 준비 시간을 배려받은 것은 도리어 득이 되었다. 쫓기지 않고서 기도하며 여러 가지 계획을 세워 볼 수 있었고, 다른 교회 사례를 살펴보며 탐방도 하고 차근차근 주변을 돌아볼 수 있었다. 여유롭게 교회 개척을 주변에 알리며 기도와 후원을 받을 수 있었던 것이 무엇보다 큰 힘이 되었다. 개척 시기가 연기된 것은 하나님의 큰 그림이었을까? 담임 목사님의 배려였을까?

"만화책 좀 채워 주세요."

마음먹었던 '만화방 교회' 프로젝트를 지인들과 공유하며 후원을 요청했다. 누군가에게는 황당한 이야기였겠지만 간절했던 내 마음이 전달되었나 보다. 지인들을 통해 크고 작은 후원이 이어졌다. 보던 만화책을 교회로 보내 주시는 분이 있는가 하면, 만화책 구매에 도움이 되면 좋겠다면서 후원금을 주시는 분도 생겼다. 그렇게 시간이 조금 지나고 나니 평생 만져 보지 못한 재정이 쌓였다.

'만화책? 승합차?'

2천만 원이라는 말도 안 되는 후원금을 쥐게 되었다. 마음이 흔들렸다. 개척하면 승합차 하나는 필요할 것 같은데, 이 돈이면 깨끗한 중고차 한 대 살 수 있는데…. 만화책 사라고 주신 분도 있지만, 개척을 응원하며 주신 분도 있기에 승합차 한 대 구매한다고 따져 물을 사람은 없다고 생각했다. 욕심이 생겼던 것일까? 깊은 고민을 했다.

'그래, 결심했어!'

만화책이 승리했다. 승합차는 앞으로 필요하면 하나님께서 주실 날이 있을 거라 생각했다. 하지만 만화책은 지금 못 사면 만화방 교회 프로젝트가 어그러질 것 같았다. 그리고 만화는 우리 교회의 소중한 선교 도구가 될 것이라는 확신도 들었다. '만화로 선교하는 게 맞나?' 확신은 있는데 고개는 왜 갸웃거려질까? 여하튼 그런 확신으로 우리 교회는 책장을 짜고 2천 권이 넘는 만화를 채우게 되었다. 그리고 개척 교회 목사에게 큰 꿈이 생겼다.

'대한민국에서 만화책 가장 많이 가진 교회가 되리라!'

그 후의 이야기

개척 1년 후, 우리 교회는 차량을 구매하게 됐다. 하얀색 카니발은 지금 우리 교회의 발이 되어 잘 쓰임 받고 있다. 물론 5년 할부라는 족쇄가 너무 무겁기도 하지만, 카니발은 할부 갚는 내 마음도 모른 체 잘만 달린다. 만화책도 승합차도 모두 주신 하나님께 영광을 돌려드린다.

늦은 밤까지,
교회를 떠날 수 없더라

테이블, 책장, 조명, 음향 등. 개척의 세팅이 어느 정도 되었다. 이제 성도만 있으면 되었다. 말은 쉬운데, 가장 큰 어려움이 사람 채우는 것 아닐까? 교회 안에 성도가 채워지고 세워지는 것은 내 노력, 능력, 환경으로 장담할 수 없다. 지인들에게 농담처럼 하는 말이 있다. "야근한다고 해서 부흥이 된다면 나는 일주일의 7일을 야근했을 것이다." 개척 교회에 사람이 들고 나는 것이 결코 쉽지 않음을 누구보다 잘 알고 있다.

이제 교회 외형이 갖추어졌고 난 개척 교회 목사가 되었다. 멋진 선배 목사님들의 간증처럼 밤새 기도하며 이곳을 지키면 되었다. 그렇다.

나는 요즘 늦은 밤까지 교회를 지키고 있다. 행정적으로 정리할 것이 많아서? 열정적인 기도로? 전문 서적을 뒤적이며, 눈을 비벼 가며 만드는 좋은 설교 작성으로? 아니다. 만화에 푹 빠졌다. 이 글을 쓰면서도 조금 민망하고 부끄럽다.

예배당 세팅이 끝나고 공간을 둘러보니 온통 만화책이었다. 처음에는 내가 좋아하던 만화 위주로 채우다 보니 이곳은 어느덧 천국이 되어 있었다. 내가 10대 때 좋아했던 책들부터 최근에 유행하는 웹툰까지…. 만화책이 가득했다. 게다가 어릴 적에는 비싸서 사지도 못했던 책이 전질로 줄을 지어 서 있었다. 밤이 맞도록 만화 속 주인공과 깊은 교제를 나누며 즐거움을 누렸다.

"이번 주는 어떤 책을 정주행할까?"

개척 교회 목사인 내게 두려움은 없었다. 오늘은 소년 만화, 내일은 소녀 만화, 그리고 드라마 원작인 웹툰까지…. 대학부터 치열하게 달려온 내 삶 가운데 하나님께서 개척의 시점에 이렇게 잠시 쉼을 허락하셨다. '개척했는데 진짜 만화 보고 있어도 되나?' 나를 무겁게 누르던 약간의 불편함을 외면하며 일단은 책장을 넘겼다.

늦은 밤까지, 결코 교회를 떠날 수 없었다.

만화방 삼촌,
만화방 이모

교회 문 앞, 거리에서 숙덕거리는 아이들이 보였다. PC방 하나 없는 동네에 만화방이 생겼으니 궁금할 만도 했겠지. 하지만 교회 입구, 아니 만화방 입구까지 통로가 길어 아이들이 쉽게 첫걸음 하기가 어려웠다. 숙덕거리는 소리나 인기척이 있으면 아내와 나는 일부러 내다봤다. 말도 걸어 보고 들어와 구경해 보라며 권하기도 했다. 그렇지만 아이들이 낯선 장소에 걸음 하기가 어디 쉽겠는가. 망설이거나 뒷걸음질하기 일쑤였다.

"안녕? 들어와서 책 보며 놀래?"

며칠째 밖에서 서성이는 작은 아이가 있었다. 초등학교 저학년 정도? 누가 보더라도 귀엽고 예쁘게 생긴 여자아이였다. 아내도 권하고, 나도 권하니까 쭈뼛거리며 들어와 이리저리 살피기 시작했다. 그리고 잠시 앉아서 책을 보더니 휙 나가 버렸다. 숙기 없는 그 모습이 귀엽기도 하고 아쉽기도 했다. 그런데…

"이모, 저 왔어요! 삼촌, 여기 매일 있어요?"

어느덧 그 아이는 가장 빈번하게 드나드는 손님이 되었고 책장을 휘젓고 다녔다. 그리고 엄청난 수다쟁이라는 것을 오래지 않아 알게 되었다. 목양실에 앉아 있으면 뭐라 뭐라 아내와 떠드는 소리가 들렸다. 그러다가 갑자기 목양실 문이 열리고 머리를 빼꼼히 들이밀어 내가 있는 것을 확인하기도 했다. 얼마지 않아 동행도 생겼다. 집에만 있는 오빠를 데리고 왔다. 오빠는 책을 참 좋아했다. 진득하게 앉아 만화책을 열심히 보았다. '과학 만화, 위인 만화, 역사 만화' 좋은 책을 찾아 꼼꼼히도 봤다. 하지만 이 꼬마 아가씨는 책에 큰 관심이 없었다. 아내와 내게 와서 떠들어 대다가, 갑자기 키를 들고 화장실에 갔다가, 책장 주변을 돌고 돌았다. 우리 부부는 거의 매일 그 남매와 만나며 만화방 주인으로서 재미를 느끼기 시작했다.

"이모와 삼촌이 있는 만화방"

아이가 불러 준 호칭. 나는 '삼촌'이고 아내는 '이모'다. 삼촌과 이모가 부부인 이상한 관계다. 하지만 아이들에게는 하나도 이상하지 않았다. 우리가 부부라는 사실에 놀라워하면서 (우리가 부부라는 것이 왜 아이들에게는 놀라운 일이 될까?) 삼촌과 이모의 호칭은 변하지 않았다. 동네 아이들이 조금씩 모이며 우리의 조카도 많아졌다. 이모와 삼촌이라…. 너무 오랫동안 목사로 불려 와서 어색하긴 했지만, 이 호칭이 맘에 든다. 사람이 된 느낌이랄까? 아니, 정확하게 말하면 동네 사람이 된 느낌이라서 너무 좋았다.

라면과 계란 볶음밥

"교회들이 세금도 안 내고 자꾸 뭘 팔더라고…"

많은 교회가 여러 형태로 운영되며 듣는 소리다. 사실 일반적인 교회의 수익 사업은 인건비는커녕 시설 유지에도 큰 도움이 못 된다. 사업 목적성을 생각하면 빵점이다. 겨우 목회자나 봉사자들의 수고로 유지하며 저렴하게 음료나 물건을 지역 주민에게 공급하는 정도다. 선교나 지역 봉사 차원에서 시작하지만, 지역 상가 사장님들 입장에서는 교회의 이런 모습이 불편할 수 있다. 세금 한 푼 안 내며 저렴하게 물건을 팔고 있는 악동이 된 것이다.

'그래, 사업자를 내보자.'

정의로워서가 아니었다. 이런저런 말 듣기 싫어서 나는 '만화 카페' 사장이 되었다. 위생 검사를 받고 현장 실사를 받으며 간이과세자로 허가를 받았다. 저렴한 가격, 누구나 편하게 마실 수 있는 음료, 누구나 배를 채울 수 있는 간식을 준비했다. 생각보다 반응이 좋았다. 여중생 아이들이 들어와 제법 어른스럽게 '아이스 초코'를 주문하고서 마치 대학생처럼 참고서를 펴며 진지하게 공부했다. 초등 아이들은 주문한 계란 볶음밥과 짜장라면을 보며 흡족해했다. '냄새의 유혹을 이길 수 없었겠지?' 가만히 책만 보던 아이들도 연이어 라면을 주문했다. 갑자기 만화방이 맛집이 되고 아내는 라면을 연이어 끓이느라 진땀을 흘렸다.

자모실에 누워 만화책을 보는 아이들, 테이블에 앉아 공부하며 음료를 마시는 아이들, 뜨거운 라면을 불어가며 먹는 아이들. 그렇게 교회는 훌륭한 동네 사랑방이 되고 있었다. 이 아이들이 갑자기 교회에 나와서 주일학교가 부흥하는 일은 없었다. 하지만 나는 행복했다. 적어도 동네 사람으로 섞여 살게 되었으니 그것으로 만족스러웠다. 월세가 비싸기는 했지만 교회가 누군가의 쉼터가 되었으니 전혀 아깝지 않았다.

"여보, 내가 일을 할게. 당신이 교회를 좀 열어 둘래요?"

개척 교회는 문이 잠겨 있는 경우가 많다. 사모가 밖에서 일을 하는 경우도 많다. 어쩔 수 없는 선택이지만 교회 문이 닫혀 있어서 사람이 오지 못하고, 사람이 오지 못하니 교회가 성장하기 어렵다. 교회가 어렵기에 목사든 사모든 생계를 위해 밖에서 일을 해야 한다. 그래서 교회는 계속 문이 닫혀 있다. 악순환의 반복이다. 그래서 우리 부부는 결정했다. 내가 밖에서 파트타임으로 돈을 벌고, 아내가 교회 문을 열어 두기로…. 만화방에는 삼촌보다는 이모가 있는 것이 더 안정적이었다. 아이들을 맡기는 부모 입장에서도 그렇고, 방문하는 아이들을 돌보기에도 나보다 아내가 자리하는 것이 나았다. 월급 한 푼 받지 못하고 땀 흘리는 아내에게는 많이 미안하다. 하지만 사람으로 북적이는 이 공간에 우리가 있다는 것이 너무 행복하다.

목사에게 성도 흉보지 마세요. 민망해요

"비교 불가. 천하무적."

쭈뼛거리며 만화방을 찾던 아이가 주인행세를 했다. 친구들을 끌고 와서는 이런저런 지시와 명령을 하며 행동 지침을 줬다. 완장을 찬 듯 기세등등했다. 내가 보기에 거의 텃세 수준이었다. 초등학생 오빠, 학교 친구들을 몰고 오던 우리 민지는 어느 날 엄마 손을 잡고 등장했다.

"안녕하세요. 아이가 같이 가보자고 해서 왔습니다. 평소에 신세를 많이 지죠?"

젊은 어머니가 아이 손에 끌려 만화방에 왔다. 어머니는 이곳이 교회인지 알고 있어 조심스럽기도 하고 어색해 보이기도 했다. 아마도 어렵지 않게 우리가 목회자 부부라는 것을 알아차렸을 것이다. 책장을 둘러보고 어색하게 커피를 주문하며, 그렇게 우리는 처음 만났다. 만화가 서로의 맘을 녹였을까? 몇 번 마주하며 인사를 나누고 아이와 함께 책장을 넘기는 모습이 어느새 제법 편안해 보였다. 얼마 후 아들 손에 끌려 들어온 아빠도, 처음의 엄마처럼 어색하게 드래곤볼 만화를 꺼내 들었다. 그렇게 온 가족을 만화방에서 만날 수 있었다.

"민지는 책 보고 있어."

그날도 딸과 함께 찾은 어머니…. 책보며 놀고 있으라는 엄마의 말은 전혀 영향력이 없었다. 아이는 늘 하던 대로 책장을 누비다가, 또 자모실에 드러누웠다가, 엄마에게 달려와 라면을 사달라고 떼를 썼다. 이 아이를 누가 이기랴, 사줘야지. 아내가 주방으로 가서 라면 물을 올렸다. 밖에는 비가 추적이는데 그날 어머니의 텐션이 조금 높았다. 라면을 끓이는 아내 옆에 서서 평소와 다르게 말씀이 많았다. 아내와 조금 가까워진 걸까?

"제가 옛날에는 교회를 다녔거든요. (중략) 그런데 시댁 고모가 신앙생활을 너무 유별나게 하는 거예요. (신앙생활 열심히 한다는 시누이 흉보기. 중략) 그

"런데 목사님, 궁금한 게 있어요."
"교회 다니면 다 그렇게 하는 건가요?"
"저도 신앙생활 다시 할 수 있을까요?"

아내와 신나게 이야기하던 그분이 갑자기 내게 고개를 돌려 물었다. 무려 두 가지 질문이었다. 내가 듣기에도 시누이가 좀 유별나고 상식이 없어 보이긴 했다. 하지만 누구의 편을 들기도 어려웠다. 목사에게 성도 흉을 봐달라고 요청받는 것은 너무 곤욕스러운 일이었다. 첫 질문에는 대충 장단만 맞추는 선에서 얼버무렸다. 하지만 두 번째 질문에는 강하고 확신 있게 답했다. 그리고 간절한 기대를 품었다.

"다시 시작할 수 있죠. 언제든 우리 교회 한번 나와 보세요."

어느 간증집에서 나오는 이야기처럼 민지 엄마가 갑자기 주일예배에 참석하는 일은 없었다. 하지만 좋은 동네 친구가 된 것은 분명했다. 믿지 않는 동네 친구에게 듣는 성도의 이야기에 계속 맘이 쓰였다. 그 시누이는 어느 교회의 열정적인 집사일 것이다. 교회에서는 칭찬받는 직분자일 것 같다. 하지만 동네 친구의 이야기에서 그분은 복음의 장애물이 되어 버렸다. 어디선가, 누군가에게 나도 이런 복음의 방해꾼이 되어 있지는 않을까? 만화방을 찾은 손님을 통해 매일 하나님 음성을 듣는다.

만화방
언제 열어요?

2019년 1월, 교회를 개척했다. 2020년 1월, '코로나19'라는 낯선 손님이 방문하셔서 쭉 동행해 주셨다. 과거 신종플루에 걸려 아파본 경험이 있다. 뉴스에 신종플루에 의한 사망자 소식이 들려올 때 방구석에 격리되어 누워 있어 보았다. 워낙 약골이라 아픈 것에 익숙했지만 이 녀석은 차원이 달랐다. 정말 아팠다. 여하튼 신종플루가 신약이 나오며 끝이 났듯 코로나도 그렇게 정리될 줄 알았다.

하지만 확산세와 치명도가 신종플루와 달랐다. 사람들은 모이지 못했고 여름에도 마스크를 써야 하는 독특한 풍경을 만들었다. 상업 시설과 각종 집합 시설이 제한되거나 폐쇄되었다. 교회 역시 예배가 제한

되었다. 좋은나무교회도 자발적 온라인 예배를 통해 공동체와 이웃의 안전을 돌아보기로 결정했다. 자연스럽게 만화방은 1년도 못 되어 문을 닫고 언제 문을 열 수 있을지 약속할 수 없게 되었다.

'이거, 다시 열 수는 있는 거야?'

1년을 넘어 2년. 만화방은 공식적으로 문을 열 수 없었다. 분위기에 따라 상업 시설은 탄력적으로 제한이 풀리기도 했지만, 우리 만화방은 문을 열 수가 없었다. 이미 주변에서는 우리 만화방이 일반 상업 시설이 아니라 교회에서 운영하는 것임을 알았기에 문을 열었다가는 교회의 이기심으로 보이기 십상이었다. 종종 만화방을 찾던 아이들을 길에서 마주했다. 마스크를 쓰고 있지만, 얼굴을 알아보기 어렵지 않았다. 2년이 지나 제법 훌쩍 커 버린 아이들. 여러 생각으로 마음이 아리다. 하나님의 타이밍은 늘 선했다. 하지만 이 시기의 코로나를 어떻게 설명할 수 있을지, 품을 수 있을지는 잘 모르겠다.

"만화방 언제 열어요?"

이런 내 속도 모르고, 지나가는 나를 붙잡고 종종 묻는 아이들이 있다. 가끔 전화가 걸려 오기도 한다. 문을 열어 줄 수 있다. 라면도 끓여 줄 수 있다. 어려울 게 뭐가 있을까? 하지만 아이들이 놀다가 병이라도 걸리면, 서로 옮기기라도 하면 더 큰 어려움이 되기에 거절해야 했다. 미안함 가득 품고 다음에 만나자고 인사해야 했다. '언제 한번 밥 먹자.' 지인과 나누는 인사처럼 기약이 없다.

코로나 때문에 열지를 못 하겠다.

교회
이사 가요

교회 2층에는 태권도 학원이 있다. 수업이 끝날 때면 아이들이 입구에서 우르르 쏟아진다. 조용한 동네에 이 아이들이 다 어디 있다 나왔을까 싶다. 아이를 데리러 오신 어머니들은 현관 앞에 서서 기다리다가 내려오는 아이들의 손을 잡고 집으로 돌아간다. 그 어머니도 그렇게 만났다. 이제 겨우 넘어지지 않을 정도의 걸음을 하는 어린아이와 함께 어머니 한 분이 교회 앞 현관에 있었다. 아이도 어머니도 너무 심심해 보여 인사를 드리며 말을 붙여 보았다.

"큰 애가 여기 태권도 다녀요. 둘째가 너무 재촉해서 늘 이렇게 일찍 나와서 기다리네요."

조금은 어눌한 한국말. 외국에서 오신 분인지, 강원도 사투리가 심한 것인지 구분하기 어려웠지만 굳이 물어보지 않았다. 중요한 건 아니니까…. 그늘도 없는 곳에서 기다리느라 고생하는 것이 안타까워 만화방으로 안내했다. 아이도 아장거리며 들어와 만화도 보고 엄마와 시간을 보냈다. 그 후 어머니는 편하게 교회에 들어오셔서 커피도 마시고 아이와 잠시 놀다가 큰아이가 끝날 시간이면 돌아갔다. 언제부터인가 태권도가 끝나면 큰아이도 함께 들어와 한참을 책 보며 놀다 가곤 했다. 그렇게 편안하게 교회에 들어오셨던 분들(아니, 만화방에 오신 거겠지? 뭐가 되었든…), 이렇게 찾아주시는 분들 덕에 나는 개척의 보람을 느끼고 있었다.

그런데, 코로나가 길어지면서 만화방을 열지 못한 지 오래다. 교회 사무실에서 업무 처리할 때, 잠시 조용히 기도할 때 가는 정도. 목사로서 부끄럽다. 그날도 업무를 보러 가는 길에 그분과 마주했다. 겨우 걸음을 옮기며 아장이던 아이는 제법 많이 컸지만, 여전히 형을 기다리며 길에서 엄마와 놀고 있었다. 반갑게 인사 나누기도 잠시…. 코로나로 교회가 힘들지 않은지 무거운 표정으로 안부를 물어왔다.

"저희 이사 가요."

코로나 상황이 길어지는데 임대료까지 올라가게 되어 이사를 결정했다는 근황을 전했다. 많이 아쉬워하며 걱정해 주셨다. "교회가 많이 어려워져 떠나시나요? 동네 들어와서 고생만 하다가 나가시는 것 아니세요?" 그분의 진심이 느껴졌다. 내가 이웃이라는 것을 느끼게 해 주셨다. 비록 먼 곳으로 떠나는 건 아니었지만, 그날의 만남이 마지막일 것 같았다. 나중에 놀러 오시라는 인사를 나누면서 코끝이 찡해졌다. 하지만 이사 가는 곳에서 만날 사람들이 기대되었다. 그럼에도 떠나는 걸음이 더 무겁고 속상했다. 2년 넘게 함께 했던 상가 사장님들이 보고 싶을 것 같았다. 목소리 큰 부동산 소장님, 무뚝뚝한 미역 창고 사장님, 해물 된장찌개가 끝내주는 식당 사장님, 언제나 바쁜 간판집 사장님, 우리 교회를 라면 맛집으로 알고 놀러 오시는 태권도 관장님.

"모두 행복하세요. 너무 감사했습니다."

다섯째 이야기,

교회 개척,
"이거 맞는 걸까?"

이럴 생각 없었는데

개척은 한 번도 생각해 본 적 없었다. 좋은 목사님 만나 평생 사역을 돕다가 그분과 함께 은퇴하고 싶은 로망이 있었다. 하지만 사역 연차가 더할수록 다른 마음이 생겼다. 욕심이 아니라 부담이었다. 크지 않아도 좋으니 행복한 그리스도인 공동체를 꾸려 보고 싶은 마음. 하지만 여전히 기대보다는 두려움이 컸기에 하나님의 신호를 애써 외면했다.

"여보, 우리가 부산 온 지 벌써 얼마냐? 연고지도 아닌데, 참 오래도 있었네. 우리 그냥 여기서 개척할까?"

광안대교를 넘어가며 아내에게 물었다. 나는 이미 하나님의 신호에 확신을 품고 있었다. 평생 동역자인 아내가 좋다고 하면 바로 확정이었다. 좌불안석, 불편한 나의 질문에 아내가 덤덤하게 고개를 끄덕였다. "그것도 좋겠네. 난 괜찮아요." 충청도에서 평생 살던 여자가 아기 둘을 안고 내려와 낯선 곳에서 내내 고생하며 살았는데, 부산에서 한 번 더 자리를 펴자는 제안에 선뜻 동의해 주었다. 늘 고맙다. 그렇게 씨앗은 심기고 우리는 조용히 기도하기 시작했다.

'내리'

부산은 광역시인데 '동(洞)'이 아닌 '리(里)'가 있다. 내리는 교회 차량 운행 코스에서 가장 먼 마지막 코스. 하나님께서 자꾸 이곳에 마음을 주셨다. 밤에도 가고, 새벽에도 가고, 낮에도 여유가 있으면 들렀다. 한쪽에 차를 세워 두고 한참을 걸어 보기도 했다. 아주 한적한 동네였다. 많은 차량이 눈짓 한 번 주지 않고 지나는 길목이다. 흔한 목욕탕이나 피시방 하나 없었다. 그런데 자꾸 마음이 갔다. 물리적으로 큰 교회는 절대 꿈꿀 수 없는 지역을 나이 마흔의 목사에게 주셨다. 하나님… 또 이러신다….

"지금 이렇게 교회가 많은데 개척을 하시려고요?"
"젊은 사역자가 왜 시골로 가요? 꿈을 가지고 도시 목회하셔야지."

"위치가 좀 그런 거 아닌가요?"

나의 개척 계획이 알려지며 다양한 반응이 나타났다. 안타깝게도 부정적인 이야기가 더 많았다. 왜 이렇게 일찍 떠나냐는 아쉬움 섞인 이야기부터 (이 교회에 전임으로 만 7년을 있었는데) 젊은 사람이 그런 시골로 왜 가냐는 비웃음도 들렸다. 모두 그럴 만한 이야기였다. 걱정도 비난도 이해가 되었다. 어쩌겠는가. 하나님께서 주신 마음이 있고, 나는 이미 하나님의 제안에 매료되어 눈이 멀어 버렸는걸. 만화방 교회를 준비한다는 이야기에 어르신들의 불편한 기색은 더 짙어졌다.

"신 목사님은 잘할 겁니다. 큰 도움이 못 되어 미안합니다."

여러 불편한 상황에서도 덤덤하게 격려하시는 담임 목사님. 이분이 하시는 이야기에는 늘 가식이나 꾸밈이 없었다. 표현이 많지는 않지만 늘 지지와 격려를 아끼지 않으셨다. 이분 곁에서 평생 사역 돕다 은퇴하실 때 나도 조용히 물러날까 생각도 했었다. 참 좋으신 분께 개척한다고 떠난다는 말씀을 드리는 내 맘이 편치 않았다. 그렇게 개척은 조금씩 진행되고 있었다.

'성경? 누가 물어볼까 겁난다.'
'인격? 온순한 편이나, 목회자 깜은 아니다.'

'행정? 큰 교회 경험이 없다.'

'기도? 새벽기도 때 종종 졸았다.'

돈의 문제가 아니었다. 승부를 볼 수 있는 뭐가 없었다. 작은 개척 교회는 담임 목사가 강점이 있어야 한다는 이야기를 들었다. '과연 나는 무엇으로 목회할 수 있을까?' 준비되지 못한 나를 돌아볼 때마다 한숨이 나왔다. 무거운 고민이 개척의 두려움을 더했다. 교회 개척을 준비하면서도 이렇게 믿음의 바닥을 드러냈다.

'이거, 맞는 걸까?'

부모님을 집사님처럼,
집사님을 부모님처럼(1)

'남편', '아빠', '아들', '목사', '아저씨', '소장'

나에게는 여러 개의 명찰이 있다. 그중 교회에서 불리는 '목사', 어머니에게 붙여진 '아들'이라는 명찰이 가장 부담이다. '나는 목사답게, 아들답게 잘하고 있는 걸까?' 이 물음에 늘 자신이 없다. 누군가를 사랑하며 섬긴다는 것이 설교에서 쏟아 낸 말처럼 그리 간단치가 않다. 부목사 시절, 사무실에 앉아 있으면 잦은 성도님들의 도움 요청으로 진중하게 책 한 페이지 읽지 못했고, 자판을 눌러 모니터 한 바닥을 채우기도 힘들었다. 갑자기 차량 운행을 하든, 급한 복사 작업을 돕든 항상 웃으며 해야 했다. 크게 불편한 것도, 어려운 일도 아니었다. 해야 할 일은 잠시 미루었다 밤에 하면 그만이었다. 하지만 누군가를 섬긴다는 것은 늘 결단이 필요하며 무엇인가를 포기하는 작업이었다.

'내 가족은 잘 챙기며 살고 있을까?' 교회 사역에 치이다 보면 내 부모님 잊고 살기 일쑤다. 아들 허약하다고 없는 살림에 보약 먹이시던 부모님. 찬장에 살짝 숨겨 두었던 보약 먹이시며 하나씩 꺼내 주시던 딸기. 잘살아 보라며 늘 격려하셨던 엄마, 아빠. 나 사느라 바빠 부모를 챙기지도 못했다. 목사로도 자식으로도 함량 미달인 내 모습이 한심했다. 그럼에도 아내는 날 이렇게 격려한다.

"당신이니까 그 정도 하는 것 같아요."

가끔 어머니의 전화를 받는다. 컴퓨터가 안 될 때, 스마트폰 사용이 어려우실 때 어머니는 나를 찾으신다. 어머니는 영문 알파벳을 잘 모르신다. 그런 분께 목소리만으로 컴퓨터 파일 복사와 붙이기, 압축과 해제, 파일 다운로드 등 기능을 알려 드리는 것이 결코 만만치 않다. 하지만 긴 호흡으로 하나씩 하나씩 알려드린다. 그런 내 모습을 보면서도 아내가 격려한다. 아들치고는 참 친절하게 알려 준다고. 다행스럽다. 그런 거라도 잘해서.

'아, 그렇게 한번 해볼까?'

성도님과 부모님께 더 잘할 수 있는 방법이 뭘까를 고민해 보았다. 단순하게 더 열심히 챙기며 사랑하자는 다짐이 아닌 규칙이 필요했다. 나를 작동시키는 시스템이다. 첫째, 생각과 판단이 아닌 대답이 먼저 나와야 한다. 누군가의 요청에 머뭇거리면 상대는 알아차린다. 어색하고 불편해진다. 즉시로 몸을 움직이며 '할 수 있습니다.'라는 대답이 먼저 나와야 한다. 둘째, 상대를 다르게 봐야 한다. 집사님께 심방하듯이 어머니와 통화했다. 일단 내 목소리가 더 부드럽고 친절해졌다. 그리고 웃음이 많아졌다. 부모님도 좋아하셨다. '어머니를 집사님 대하듯, 집사님을 어머니 대하듯' 괜찮은 적용이다 싶은 생각과 함께, 부끄러움도 묻어난다. 이게 무슨 개떡 같은 적용인가. '피식' 웃음이 난다.

'나도 참 못난 놈이다.'

부모님을 집사님처럼,
집사님을 부모님처럼(2)

교회 사역을 하다 보면 살짝 고민되는 상황이 있다. 교역자의 일이라는 것이 늘 시간을 들여야 하고 노동을 각오해야 한다. 평시 주어지는 기본적인 일도 종종 버겁게 느껴지는 저질 능력. 그러다 갑자기 잡히는 작업, 차량 운행, 특별 행사, 설교가 생기면 결코 쉽지가 않다. 갑작스러운 호출, 교역자 회의에서 논의되는 특별 행사, 사무실에서 불특정 사역자에게 도움을 요청하는 성도. 그 면전에서 고민하면 표정에서 다 드러난다. 흔들리는 내 눈빛을 담임 목사님, 동료 사역자, 교회 성도님들이 모를 리 없었다. 나는 종종 그렇게 지질한 내 모습과 마주했다. 얼마나 흉하고 볼썽사나울까? 앞으로도 누군가와는 같이 일할 것이고, 누군가를 섬기며 살아야 할 텐데. 가능한 한 이런 모습을 보이지 않기 위해 원칙을 정했다.

'애매하면 불편함을 선택하라.'

늘 잘할 수도 없고, 온전할 수도 없겠지만 이 원칙을 지키며 살아간다면 최소한 누군가에게 민폐는 되지 않을 것 같았다. '할까, 말까?' 살면서 찾아오는 애매함이 있다. 누군가를 도울 때, 누군가는 일을 맡아야 할 때, 담당이 명확하지 않은 일을 앞에 뒀을 때. 귀찮고 불편한 쪽을 선택하면 부끄러움을 면할 수 있다. 단, 가끔 욕을 먹을 수는 있다. 오해를 받기도 한다. 하지만 무시해야 한다. 그런 말 하는 사람은 자기 편한 결정을 내린 것이고 하기 쉬운 말을 던질 뿐이다. 떳떳하다. 까짓 것, 교회 일하며 누구에게 잘 보일 일 있는가.

요즘은 교회 차량을 이용하는 분이 거의 없다. 대부분 자가용을 이용한다. 하지만 교회 차량이 필요하신 분은 여전히 있다. 수요예배 후, 교회 주차장에서 노(老) 집사님과 실랑이를 벌였다. 교회 승합차는 이미 출동 준비를 마치고 시동이 걸려 있었다.

"집사님, 차 타고 가세요!"
"아이고 목사님, 집이 가까워요. 걸어서 10분이면 가는걸."
"걸어서는 10분이죠? 차로는 3분이면 가요. 타세요!"

내가 이겼다. 허리도, 다리도 아픈 어르신이 자꾸 걸어 가신단다. 다리 운동은커녕 다리가 혹사당할 형편이면서 고집을 피우신다. 그 속을 모를까. 젊은 목사 얼른 퇴근시키려는 것이었다. 시간 빼앗는 것 같아 미안해지고 신세 지는 것 같아 불편하신 거였다. 사실 내 시간을 빼서 운행 나가는 것이 나도 번거로웠다. 다녀오면 자연히 퇴근은 늦어지고 집에는 기다리는 가족이 있었다. 그래서 건강을 위해 걷는다는 어르신의 말씀이 달콤한 유혹이 되기도 했다. 적당히 타협하며 인사드린 후 배웅해도 그만이었다.

갑자기 생각나는 우리 엄마. 우리 엄마 역시 어느 교회의 집사이다. 그 집사님처럼 이제는 다리도 아프고 허리도 아픈 노인이다. 어머니의 교회 목사가 지금 나처럼 나태하거나 이기적이라면? 너무 속상하고 화가 날 것 같다. '오케이!' 교회 승합차에 집사님을 납치하듯 태웠다. 그렇게 버티던 집사님이 활짝 웃으시며 가는 내 쉬지 않고 일상을 말씀하셨다. '이렇게 좋아하실 거면서.' 3분의 고제는 생각보다 깊어졌다. 역시 애매하면 불편함을 선택하는 것이 맞다.

신 목사,
신 과장

대학원을 마칠 때까지 나는 커피를 몰랐다. 심지어 어릴 적 부모님이 시골에서 작은 다방을 운영하셨기에 '커피, 프림, 설탕'이 전부 익숙했음에도, 나는 커피를 전혀 마실 줄 몰랐다. "커피 마시면 머리 나빠진다." 부모님께서 어릴 적부터 암시를 걸어서 그랬을까? 커피라는 음료에 전혀 흥미를 갖지 못했다. 주변 목회자들이 고급스럽게 주전자를 들고 드립을 하든, 믹스커피 한 봉을 찢어 달달함을 즐기든. 내게는 어떤 욕구나 호기심도 생기지 않았다. 맛을 즐길 줄 모르는 것은 물론이고 믹스커피의 텁텁함과 냄새가 싫어 커피를 멀리할 정도였다. 하지만 스물여덟의 나이, 군에서 경험한 믹스커피는 시편 23편의 쉴만한 물가와 푸른 초장이었다. 동전 몇 개만 넣어 주면 쉼과 평안을 선물했다.

교회 전임 사역은 군대만큼 고단했다. 물론 아무것도 안 하려고 마음 먹으면 제법 여유를 즐길 수도 있었다. 하지만 못난 성격이 나를 그냥 두지 않았다. 자꾸만 일이 내 눈앞에 나타났고 나는 끝장을 봐야만 했다. 군대에서의 버릇이 또 나왔다. 짧은 밤이 아쉬울 정도로 늘 할 일은 충만했고 야근은 일상이 되어 갔다. 어느 늦은 저녁, 퇴근하려 일어나 보니 책상에 쌓인 종이컵이 보였다. 믹스커피의 흔적이었다. 매일 4~5개 이상 쌓여야 하루가 마무리되었다.

갑자기 '피식' 웃음이 났다. 이 장면 어디서 본 듯 익숙했다. 오래전 부목사로 살아가던 선배들의 책상이 이랬다. 그리고 드라마에서 일에 찌든 중간 관리자들이 이런 모습이었다. 과장의 책상은 늘 믹스커피 마시던 종이컵이 쌓여 있었다. 얼굴 한번 펴지 못하는 중소기업 간부도 그랬던 것 같다. 엉뚱한 생각이 들었다. '난 직급이 어느 정도일까? 부장?' 제법 괜찮다는 생각에 미소를 지어 보다가 도리질을 했다. 과장. 그게 맞다. 부장은 너무 과하다. 하지만 대리까지는 내려가고 싶지 않다.

개척하고도 여전히 내 책상 한구석에는 종이컵이 잔뜩 쌓여 있다. 교회를 개척해서 담임이 되었으니 지금의 나는 사장일까? 과장과 부장을 오가던 그때 생각에 그냥 혼자 웃었다. 그래, 어쩌면 생계를 두고 염려하며 고군분투하는 구멍가게 사장일지도 모르겠다. 어쩌면 창업하는 내 또래 사장님들보다 열정도, 기획력도 떨어지는 못난이일지도 모른다. 잡생각을 털어버리듯 머리를 흔들고는 급히 가방을 둘러메고 목양실을 빠져나왔다. 여전히 내 손에는 따뜻한 믹스커피 한 잔이 나를 위로하고 있었다.

수요예배와 새벽기도

교회를 개척하며 생긴 고민 중 하나가 예배와 모임이다. 한국 교회는 모임으로 평가하자면 세계 최고가 아닐까 싶다. 질적인 부분의 평가는 패스. 다만 양적인 부분은 세계 어느 나라의 개신교도 따라가지 못할 것이라 확신한다.

주일 오전예배, 주일 오후예배, 수요예배, 금요기도회, 새벽기도회, 소그룹 모임, 성경공부, 제자훈련, 다음 세대 부서 예배 등

이제 나도 젖어 있어서 익숙한 모임들이다. 이런 모임과 열정이 나쁜 것은 아니다. 오히려 존경스럽고 위대하기까지 하다. 그럼 그 좋은 것,

나도 해야지 않을까? 그런데 그러다가는 내가 죽을 것 같았다. '죽을 것 같다.' 힘들어서 나오는 관용적 표현이 아니라 진짜 죽을 것 같다는 생각이 들었다. 목회하다 죽으면 순교? 그런 무책임한 말을 내게 적용하고 싶지는 않다. 낮에 일하며 혼자 그 많은 모임을 준비하고 인도할 자신이 없다. 누군가는 나의 이런 말에 손가락질하겠지만 나는 일을 하면서라도 목회해야 한다. 어떻게 받은 소명인데….

"여러분, 저는 새벽기도 할 자신이 없습니다. 새벽기도 없는 교회가 싫으시다면 떠나셔도 괜찮습니다."

얼마 되지 않는 성도들에게 어렵게 이야기를 꺼냈다. 목사의 새벽기도 포기가 어떤 사람에게는 큰 충격이 될 수 있고 실망이 될 수도 있기에 이 이야기를 꺼내는 것은 내게 큰 두려움이었다. 하지만 모든 성도는 나의 고단함에 수긍해 주었고 두려움으로부터 자유 할 수 있게 도와주었다.

오히려 새벽기도 안 하는 불경건한 목사를 통해 누군가는 안도하는 느낌을 받기도 했다. '웃픈' 상황이다. 전임 사역을 시작하며 쉬어 본 적 없던 새벽기도를 개척하면서 쉬는 특이한 경험을 하게 되었다. '새벽기도도 안 하는 목사, 이래서 되겠는가?' 한편의 불안함은 있다. 하지만 일단 이렇게 달려 보자.

"당분간 수요일 저녁에는 교리 공부로 12주 모이겠습니다."

개척하고 6개월이 지나 수요 모임을 광고했다. 그런데 특이한 것은 기간이 정해져 있다는 것. 가을에 12주만 도이겠다는 말이었다. 사실 새벽기도보다 더 큰 부담이 수요예배였다. 교회 모든 모임이 그렇듯, 한 번 시작하면 멈출 수 없기 때문이다. 목회자만 참석하더라도 있던 모임을 없애는 것은 어려운 일이다. 모임을 폐하는 아주 악한 자가 될 것이다.

수요예배를 시작하는 것. 성도들이 얼마나 함께할지, 우리 공동체에 어떤 유익이 될지 판단이 서지 않았다. 그래서 한시적, 학기제 수요 모임을 준비하게 되었다. 봄, 가을. 다른 주제를 정해서 수요일 저녁에 만나기로 틀을 짰다.

- 강단 위에 작은 원형 테이블을 두고 앉았다.
- 기타를 잡고 찬양을 2곡 부른다.
- 만들어 둔 교재를 열어 함께 주제별 성경을 공부한다.
- 기도로 마친다.

이것이 전부다. 하지만 생각보다 참여율이 높았다. 우리 공동체가 신앙이 좋아서일까? 목사가 탁월한 강사라서 그럴까? 안타깝게도 아니다. 기한이 정해져 있었기에 '한번 해볼까?'라는 생각을 할 수 있었다. 한번 시작하면 멈출 수 없다는 두려움이 나만 있었던 것이 아니었다. 성도들도 견딜 힘이 필요했다. 첫 가을 학기를 마무리하며 책을 덮을 때, 우리에게는 두 마음이 들었다.

'끝났다.'
'다음 학기가 기대된다.'

교회의 빈자리

전국, 아니 전 세계가 코로나19로 어려운 시절이다. 개척하고 1년이 못 되어 이 난리가 났으니 그야말로 코로나와 함께하는 개척이다. 정부 방침에 따라 온라인과 오프라인 예배를 반복적으로 전환하며 버티고 버텼다. 부활주일. 우리 교회 창립 주일이다. 상황이 조금 좋아져 기대하는 마음으로 현장 예배를 준비하고 있는데, 모르는 번호로 전화가 왔다.

"좋은나무교회 목사님이시죠?
내일 예배 현장에 잠시 방문하겠습니다."

공무원 방문 사전 예고. 전화기 너머로 들리는 목소리는 부드러웠으나 내게는 차갑게만 느껴졌다. 공간이 좁아 '거리 두기'가 어려워 온라인 예배에 늘 적극적이던 우리 교회. 성도님들의 지지가 있어 무리 없이 진행할 수 있었다. 하지만 이번 부활주일에는 성도들을 직접 만나 위로하고 격려하고 싶은 마음에 오랜만에 현장 예배를 준비하고 있었는데, 공무원 전화 한 통에 마음이 무거웠다.

"전체 좌석이 얼마나 되세요? 20퍼센트, 아시죠?"

두 명의 방문 공무원 중 조금 더 어려 보이는 분의 똑 부러지는 목소리가 나를 곤란하게 했다. 있는 의자, 없는 의자 다 깔아 둔 내 꼴이 우스워 보였다. 꾸중을 면해 보려는 엄마 앞의 아이 꼴이었다. 하지만 선임으로 보이는 공무원이 몹시 곤욕스러운 표정과 몸짓으로 후임을 말리며 짧은 꾸중은 정리되었다. "오늘 예배 후 우리도 다시 온라인으로 전환하려 합니다." 궁색하지만 더 다른 말을 할 수 없었다. 죄인 아닌 죄인인 느낌. 나의 어려운 마음을 읽었을까? 선임 공무원이 부드럽게 말을 이어 갔다. "목사님, 불시에 자주 방문했는데 언제나 문이 닫혀 있어서 저희도 목사님 어떤 분이신지 잘 알아요. 오랜만에 가지시는 현장 모임 같으신데, 일단 그렇게 알고 갈게요. 다른 교회 가면 큰 소리 나고 문전박대(門前薄待) 당하는데 좋은나무교회는 아니라서 고맙습니다."

우리는 짧은 대화에서 서로를 충분히 이해했다. 모두가 겪는 고통이고 모두가 힘든 시간이다. 방문한 공무원의 종교는 모르겠다. 하지만 쉬는 날, 많은 종교시설을 방문하며 욕먹는 일이 과연 편할까? 이분도 어쩌면 누군가 마음에 품고 있는 전도 대상자일지 모른다. 아니면 어느 교회 집사일지도….

그렇게 예배가 시작되었다. 여러 이유로 참여하지 못한 몇몇의 모습이 떠올랐다. 아파서 못 오신 분, 상황이 상황인지라 건강이 염려되어 못 오신 분. 코로나 장기화로 목사와 교회가 불편했는지 조용히 연락을 끊으신 분이 누구보다 마음을 아프게 했다. 유난히 맘 썼던 그들이기에 내 마음이 더 무거웠다. '내가 잘해 드리지 못했을까? 소홀했을까?' 예배는 시작되고 목사의 자책은 더 무거워져만 갔다.

강단에 올라 예배당을 훑어보는데 참 신기했다. 빈자리가 없었다. 창립 주일이라고 사진 찍어 주시려 방문하신 집사님 가정, 멀리 제주에서 부산에 잠시 오셨다 얼굴 보고 싶다며 찾아오신 목사님 부부. 강사 목사님과 사모님까지…. 자모실에는 아이들과 엄마가 북적이고, 그 안이 갑갑했는지 한 녀석은 탈출해서 세면대에서 할머니와 물놀이를 하고, 두 아이는 아내와 함께 좁은 주방에 앉아 소꿉놀이를 하고 있었다. 주방 아이들의 '덜그럭' 거리는 소리가 설교에 양념을 치고, 가끔 타이밍 기가 막히게 울리는 3세 아이의 "아니야!" 소리는 어른들의 "아멘"과 묘하게 어울렸다. 낙담한 내 마음에 살며시 미소가 지어졌다.

'하나님께서 이 자리를 채우고 싶으신가 보다.'

놀면 뭐하니

'코로나'

과거 지나간 유행성 질병처럼 그렇게 지날 줄 알았는데. 끝이 보이지 않는다. 교회는 문을 닫았고 온라인 예배가 잘 준비된 대형 교회 영상을 통해 주일예배를 드리고 있지만, 한계에 다다랐다. 이러다 몇 없는 교인들도 다 흩어지고 정말 교회 문을 닫을지도 모르겠다는 생각이 든다. 무거운 불안과 다르게 나른함과 무력감에 늘어지기 시작했다. 사실 이런 내 모습이 더 두렵다. 이렇게 있다가 서서히 죽을 수 있겠다는 생각에 정신이 번쩍 든다.

스마트폰을 들고 설교를 녹화했다. 아무도 없는 회중석을 향해 떠드는 내 모습에 순간 어색함이 밀려왔다. (멈췄다 진행하기를 몇 번인지…) 좀 긴장되더라도 현장에서 설교하는 것이 더 낫지 싶었다. 하지만 얼마지 않아 촬영도 편집도 익숙해져 갔다. 어느덧 예배 영상을 만들고 편집해서 유튜브에 올리고 나면 역시나 나태해지는 나를 발견했다. 주일예배가 땜질이 되는 느낌이었다. 만화방은 닫혀 있고, 사람을 만날 수도 없었다. 무기력함이 나를 짓눌렀다.

여느 날처럼 아이들과 텔레비전 앞에서 예능을 봤다. 이 순간만큼은 걱정과 불안 없이 웃으며 시간을 보낼 수 있어서 나쁘지 않았다. 자꾸 처져 가는 내 모습을 외면하고 싶었던 걸까? 이렇게라도 잠시 잊고 싶었다. 불안을 숨기고 웃음으로 포장하며 텔레비전을 바라봤다. 한 방송인이 스태프에 이끌려, 익숙하지 않은 일을 배우는 모습이 나왔다. '라면 만들어 팔기', '뽕짝 가수 되기', '드럼 배워서 음원 만들기' 등. 처음에는 황당한 모습으로 투덜거리며 배우던 그가 제법 멋진 결과들을 만들어 내는 모습이 신기하고 재미났다.

'유재석의 놀면 뭐하니!'

순간 머리가 맑아졌다. '나도, 놀면 뭐하나. 앉아 있다고 해서 뭐가 달라지나? 뭐라도 해보자.' 슬슬 내 깊은 곳에서 에너지가 올라왔다. '유튜브를 해볼까? 그런데, 내가 뭘 할 수 있지?' 주변에 잘나가는 목사님들을 떠올려 보았다. '인문학? 아냐. 난 책과 충분한 거리 두기를 하고 있어. 음악? 겨우 기타 코드 치며 부르는 노래 실력으로는 아무것도 할 수 없어. 신학? 그냥 웃지요.' 조금은 막연했지만 내 머리는 계속 즐겁게 활동하기 시작했다.

'사람을 만나자!'

저마다 다른 환경에서 최선을 다해 살아가는 그리스도인의 이야기를 담아 보면 어떨까 싶었다. 나는 낯선 사람들 만나기에 거부감이 없고 즐기는 편이다. 내 안에서 나올 만한 콘텐츠가 없음을 인정하고 나니 다른 사람에게 시선이 돌려졌다. '그럼 누구를 만나지? 어떤 사람들을 만날까?' 고민은 길지 않았다. 학창 시절 좋아했던 찬양 사역자들이 어떻게 살고 있는지 궁금했다. 효율적인 계획이나 전략은 없었다. 무작정 떠오르는 그분들을 수소문하기 시작했다.

"죄송합니다. 어렵겠어요."
"저는 유튜브에는 출연하지 않아요."

한 유명 찬양 사역자의 거절. 그리고 이어지는 수많은 거절. 이해한다. 알지도 못하는 사람, 1인 신생 유튜버에게 시간 내주기가 쉽지 않았을 것이다. 하지만 얼마지 않아 그는 다른 유명 유튜브 채널에서 환하게 웃으며 사람들과 이야기하고 있었다. 씁쓸함은 있었지만 어쩌랴. 이해할 수 있었고 섭외 요청은 멈추지 않았다.

"아, 그래요? 여기까지 올라오게요?"

드디어 연결되었다! 어린 시절 정말 좋아했던 분들. 내게는 연예인 같았던 목사님 두 분의 허락을 얻었다. 인사를 나누다 보니 교단 선배셨던, 그래서 인터뷰 끝나고 맛있는 밥과 차를 대접해 주신 '다윗과 요나단'의 황국명 목사님. 어느 방송국 프로그램보다 편안하게 대화했다며 격려해 주신 '좋은 씨앗' 이강혁 목사님. 그렇게 나는 누군가의 호의로 전국을 다니는 유튜버가 될 수 있었다.

그 후의 이야기

유튜브 "좋은인터뷰" 채널은 그렇게 시작되어, 지금은 약 70명의 그리스도인의 이야기를 담고 있다. 찬양 사역자뿐 아니라 다양한 기독인의 삶을 담아 보려 노력하는 중이다. 목회와 병행하며 운영하다 보니 시간적 제한과 부산이라는 지역적 한계도 있지만, 소소하게 채널을 운영하며 즐거움을 누리며 살아간다.

쫄보
목사

교회를 향한 많은 질타가 돈과 관련이 깊다. 목회자가 엮이기도 하고, 교회의 쓰임새가 문제 되기도 한다. 가끔 언론을 통해 터지는 대형 교회의 재정 문제는 한편 부럽기도 하다. 돈이 많으니 별일이 다 일어나는구나 싶다. '슬픈 일'이라고 표현하면 적절치 못할까? 개척 교회는 임대료와 목회자 생활 자체가 전쟁이기에 사실 돈과 관련한 대단한 문제가 생기기 어렵다. 수입도 지출도 고만고만하고 뻔한 상황이기에 재정 결산 시간이면 보고 받는 성도가 민망할 지경이다.

'과한 욕심일까?'

재정이 어려웠지만 그럴듯하게 예산을 집행하고 싶었다. 성도가 드린 헌금 대부분을 목회자 사례로 지출하고 싶지 않았다. 목회자 가정을 먹여 살리기 위해 교회가 존재하는 것이 불편했기에 나는 일을 시작했다. 돈이 흘러가는 곳에 마음이 있는 것 아닐까? 우리 교회 재정은 조금 더 교회 가족을 위해 사용하고 싶었고 교회 밖 이웃을 위해 사용하고 싶었다. 그리고 복음을 유통하기 위해 고군분투하는 곳에 흘려보내고 싶었다. 하나님 마음 가는 곳에 내 마음도 같이 가면 좋겠다는 바람이었다.

"우리 이번에 여기 좀 후원하면 어떨까요?"

오지랖 넓은 목사는 늘상 이렇게 교인을 괴롭힌다. 우리도 자립하지 못하는 상황에 어디를 또 돕겠다는 말인가. "좋은 일이긴 한데 목사님 사례도 제대로 나가지 못하고, 목사님 일하는 것도 맘이 아픕니다." 성도의 염려와 안타까움에 크게 감사의 인사로 답례한 후 다시 집요하게 후원을 설득했다. 철이 없는 건지 얼굴이 두꺼운 건지…. 아직 개척 초기라 주변의 재정 후원이 적지 않았다. 언제까지 이어질지 모르지만, 우리 교회만을 위해 주신 재정이 아닌 것 같은 마음에 가능한 한 주변에 조금씩 나누려 애쓸 뿐이다.

'코로나로 힘든 상가 교회 임대료 지원'

'선별 진료소 의료진 간식 지원'

'청소년 보호시설 간식 후원'

'무더운 지역 선교사, 1개월 전기요금 지원'

목사의 생떼가 한몫했겠지만, 어려운 상황에서 실천한 나눔은 성도에게 좋은 훈련이 되었다. 교회가 어떤 곳인지 알려 줄 수 있었고, 우리의 헌금이 이렇게 소중하게 쓰일 수 있는 것을 보여 줄 수 있었다. '어떤 성경공부보다 큰 교훈이지 않을까?'라고 생각하며 스스로 토닥여 본다.

개척 3년이 지나면서 슬슬 긴장이 된다. 연차가 쌓일수록 정기 후원은 줄었고, 우리가 계속 외부 후원을 이어 갈 수 있을지 고민스럽다. 나를 아끼는 마음에 외부 후원을 줄여야지 않겠냐는 조언을 듣기도 한다. 하지만 결정이 쉽지 않다. 나는 조금 불편하면 된다. 하지만 선교지는 우리의 후원으로 죽고 사는 문제가 걸려 있을지 모를 일이다. 너무 과한 생각일까? 일단 한 해 더 유지해 보기로 했다. 개척 교회 목사 신재철은 오늘도 이렇게 '쫄보'로 살아간다.

나의 특별한
친구를 소개합니다

'4311, D6'

개신교 군종 행정병의 주특기 번호. 연대급 부대에서 나처럼 주특기를 받아 군종병으로 군 생활을 하는 병사는 한 명뿐이었다. 종교와 상관없이 1인만 인가받을 수 있었기에 나는 개신교, 천주교, 불교 모든 종파의 업무를 보아야 했다. 그리고 어떤 종파도 차별받지 않도록 돕는 것이 나의 중요한 임무였다. 개인적 신념을 초월하면서 업무를 봐야 했기에 다양한 사람과 만날 수 있었다. 때로는 군 생활의 절대적 기준이 되는 계급이 무색해지는 관계가 설정되기도 했다.

장기 부사관을 희망했으나 바람대로 되지를 못해 전역하게 된 박 중사. 이른 결혼을 했기에 장기 복무가 간절했다. 늘 카리스마 넘치고 밝았던 그가 전역 신고 후 위병소를 나가기 전 마지막 들른 곳은 교회였다. 기독교 신자도 아닌 그가 굳이 교회를 들렀다. 나와 정이 들었을까? 이유는 모르겠다. 교회 문을 노크하고 들어온 박 중사는 인사하며 내게 기도를 부탁했다.

"형, 저 전역해요. 인생이 생각만큼 안 풀리네요.
남은 군 생활 건강하게 마치세요."

평소 나는 그에게 깍듯이 경례하며 계급을 존중했다. 중사 계급은 여전히 그의 군복에 붙어 있지만, 표정은 20대 중반 청년으로 돌아와 있었다. 일부러 어려운 걸음 해준 박 중사에게 고마웠다. 나이 많은 아이 아빠여서 나를 찾아왔을까? 곧 목사가 될 사람이라는 생각에 날 찾았을까? 이유는 모르겠지만, 그는 불안하고 서글픈 눈빛으로 내 앞에 서 있었다. 위로할 말도, 해줄 수 있는 것도 없었다. 다만 손을 꼭 잡고 기도하며 그의 전역을 축하하고 축복해 주었다.

그리고 또 한 사람. 그는 상급 부대에 있었지만, 종종 행사로 만나 많은 이야기를 나눌 기회가 있었다. 가톨릭 신학생인 그는 언제나 친절했다. 하지만 과했다. 여성적인 말투와 행동으로 약간 특이해 보였고,

그의 성적 취향에 대해 진지하게 고민한 적도 있었다. 하지만 그것은 나의 과한 상상력이었다. 우리는 서로의 신앙과 교리를 공유하며 진지한 질문들을 주고받기도 했다. "어머, 나 침례교로 옮길까 봐요." 신앙의 자유에 대해 목소리 높여 주장하는 내게 그는 너무 충격적인 반응을 보여 줬다. 오히려 내가 그러지 말라그 하는 바람에 본인도 머쓱했는지 서로 크게 웃었던 기억이 있다. 그렇게 시간이 흘러 그는 신부 서품을 받고, 나는 목사 안수를 받아 각자의 믿음대로 살아가고 있다. 가끔 서로의 안부를 물어보는 우정을 유지하며….

"목사님~~~!"
"어? 신부님, 잘 지내세요?"

오랜만에 김 신부의 전화를 받았다. 여전히 과하게 닭살스러운 음성이 괜스레 반가웠다. 신부가 되고 군종 교구로 발령을 받아 다시 장교로 3년 군 복무 중이라는 것을 알고 있었다. 그런데 최근 소식을 들어보니 다시 3년간 군 생활을 연장하게 되었다고….

"목사님. 나 다시 3년 연장이에요. 완전 재수 없어요."
"주님께서 군 선교지로 보내셨는데 신부님이 재수 없다니요. 하하. 불경스럽습니다. 몇 년 더 해서 소령 달고 나옵시다! 진짜 뽀대 나겠네!"

군대와 참 안 어울리는 사람인데 병사 2년에 장교 6년이라니…. 축하한다는 말을 전했다가 욕만 먹었다. (군필자들이라 가능한 놀림이겠지?) 나의 축복에 김 신부는 가감 없이 분노를 폭발시켰다. 그렇게 현직 목사와 신부는 그냥 예비군 청년의 모습으로 한참 수다를 떨었다. 교회 개척이 힘들지 않냐, 일을 겸하며 목회하는데 건강은 괜찮냐는 위로와 격려에 가슴이 찡했다. 오히려 개신교 그룹에서 개척 교회 목사라고 종종 무언의 무시를 받거나, 목사가 일이나 한다며 믿음을 평가받던 모습이 떠올라 조금 씁쓸했다. 하지만 신부에게 밀리면 안 된다. 약한 모습 보이면 안 된다!

"김 신부님, 내가 아이 낳고 아버지 하나님의 마음을 조금 알게 되었고, 일터에서 신자들의 삶을 더 배우게 되었어요. 기회가 있을지 모르겠는데 신부님도 결혼하고 애 낳아 봐야 신앙의 다른 면을 배운다니깐!"

어쩌면 실례가 될 수 있는 나의 말에 큰 웃음으로 '맞다'며 긍정해 주는 친구 김 신부에게 참 고맙다. 남은 군 생활도 빽이치시길….

God bless you.

불편한 물싸움

교회를 개척하고 가장 힘든 일, 임대료 인상 통보였다. 상가 계약 기간 2년이 끝나자 건물주는 곧바로 인상을 요구했다. 77만 원에서 88만 원으로…. 지인들은 '상가임대차보호법'을 이야기하며 인상 폭이 너무 크다고 거부하라는데, 오히려 건물주는 인상할 수 없으면 나가라는 엄포뿐이었다. 교회뿐 아니라 같은 건물을 사용하는 다른 상가들도 인상을 요구받았다고 했다. 하지만 누구 하나 건물주와 싸우지 못했다. 교회라서 싸우기 껄끄러운 부분도 있지만 짐 싸서 나갈 요량이 아니라면 싸운다는 게 쉽지 않았다. 교회도 그냥 세입자일 뿐이었다. 소식을 들은 성도들의 고민도 깊어졌다. 괜찮다며 성도를 다독여 보았지만 나 자신에게도 거짓말하는 기분이었다. 답도 모르겠고 나도 괜찮지 않았다.

개척의 절반 이상을 코로나와 동행했다. 현장에서 드려지는 예배와 소그룹 모임이 어려워졌고, 만화방으로 오픈하며 이웃들과 나누던 소통도 멈추었다. 꼬박꼬박 송금하는 임대료가 아까워 죽겠다. 공간을 활용하지 못해 안타까워하는 성도의 푸념보다 내 속이 더 무겁게 타들어 갔다. 버티고 버텼는데 조금은 지쳤다. 어려운 시기에 임대료를 줄여 준다는 '착한 건물주' 뉴스가 들려왔다. 이런 뉴스는 나만 들었을까? 전혀 개의치 않고 임대료 인상을 요구하는 우리의 건물주님이 야속했다. 답답함에 홀로 앉아 몇 번을 울었을까. 그리고 몇 번을 따져 물었을까.

개척 3년 차, 이제는 훌쩍 올라 버린 임대료와 관리비, 수도 요금까지 합산해서 건물주에게 송금했다. 속이 상해서일까? 문자로 받은 수도 요금을 보는데 짜증이 났다. 교회에 출근하면 불을 켜야 하고 선풍기를 돌려야 하기에 모두가 돈이다. 아까워서 가능한 한 출근하지 않고 집에서 일을 했다. 그나마 일주일에 서너 번 교회에 오면 잠시 일을 보는 동안 마시는 커피 몇 잔이 전부인데, 상하수도 요금이 너무 가혹했다. 개별 계량기가 없어서 정액으로 건물주에게 청구받는 금액이 참 야속하다.

"일주일에 교회 몇 번 오지도 않습니다. 와서 물 몇 잔, 화장실 한두 번 사용해요. 그런데 계속 이렇게 수도 요금을 내야 하는지 모르겠습니다."

건물주 역시 누군가의 전도 대상일 수 있다는 생각에 늘 친절하게 대했었다. 내 삶이 전도라는 생각으로 가능하면 웃었고, 불편해도 참았다. 그래서였을까? 다른 상가 사장님들보다는 나와의 관계가 그리 나쁘지 않았다. 하지만 유치하게 물 싸움을 건물주에게 걸어 보았다. 예상은 했지만 돌아온 응답은 차가웠고 나도 형식적인 대꾸를 던졌다.

"네, 그리 알겠습니다."

예상된 패배였다. 어릴 적 골목에서 친구들과 하던 물총 싸움보다 더 유치했다. 좋은 물총을 가진 친구에게 당했던 서러움보다 더 큰 서러움이 밀려왔다. '차라리 말하지 말 걸 그랬나….' 부끄러움도 뒤이어 밀려왔다. 그 수도 요금 좀 더 낸다고 교회가 어떻게 되는 것도 아닌데, 나는 뒤틀린 심정을 밖으로 드러내고 말았다. 후회만 남은 유치한 물 싸움이었다.

'데라'로 드린
감사헌금

헌금 내역을 모르면 좋겠는데 그럴 수가 없다. 예배가 끝나면 계수를 맡아 주시는 분이 있지만, 전산 입력과 행정 정리는 내 손을 거쳐야 하기에 모를 수 없다. 목사는 돈과 멀수록, 교인의 헌금을 모를수록 좋다는데 어쩔 수 있겠는가. 헌금에 내 눈과 마음이 쏠리지 않도록 다잡는 것이 나의 기도다. 재정팀에게 넘겨받은 내용을 정리하는데, 최근 눈에 띄는 것이 보였다. 어느 날부터인가 한 성도님이 매주 같은 금액으로 감사헌금을 드렸다. 하지만 봉투에 감사 내용을 쓰는 부분이 늘 비어 있었다.

'무슨 일이 있는 걸까?'

목사는 갑자기 성도가 나타나지 않으면 걱정이 된다. 하지만 갑자기 무언가 열심히 하려는 성도도 염려된다. 갑자기 무슨 일이 생겨서 바뀐 것인지, 혹 그 일이 나쁜 일은 아닌지 마음이 쓰인다. 헌금도 마찬가지다. 성실하게 십일조 생활을 하던 성도가 갑자기 하지 않으면 걱정된다. '형편이 어려워진 걸까? 헌금하고 싶은 마음이 사라진 걸까? 하나님께 실망한 부분이 있을까?' 반대로 갑자기 안 하던 헌금을 하는 성도에게도 마음이 쓰인다. 신앙적 결단으로 헌금할 수도 있지만, 그 배경이 좋은 상황인지 나쁜 상황인지 잘 살펴야 한다. 교우들이 헌금을 잘하면 무조건 목사들이 좋아할 것이라는 생각은 아주 편협한 시각이다. 대부분 목사는 사람에게 관심이 있다. 나도 돈보다는 사람이다.

몇 주 반복되는 정체 모를 감사헌금에 마음이 쓰이던 때, 일하는 아파트에서 그분의 가족과 마주하게 되었다. 워낙 가까이 지내는 분이고 신앙의 연륜도 있었기에 조심스럽게 여쭤 보았다. (나는 감사 내용이 비어 있는 반복적인 감사헌금의 비밀을 알아야 할 책임이 있는 담임 목사이기 때문이다.) 나의 조심스럽고 진중한 질문에 권사님은 크게 웃으셨다.

"목사님, 그거 고스톱 치면서 놀다가 떼어 둔 '데라'로 드린 헌금이에요."

아, '데라'. 오랫동안 잊고 있었던 단어다. 내가 아주 어릴 적, 어른들이 모이면 화투 놀이를 하셨다. 구경하는 것만으로도 버리는 패의 순서, '비, 풍, 초, 똥, 팔, 삼'을 외울 정도로 우리 집은 자주 어른들의 놀이터가 되었다. 고스톱, 한 판이 끝나면 판돈의 얼마를 조금씩 떼어 한 귀퉁이 아래에 적립했다. 그렇게 모은 돈을 '데라'라 불렀다. 종종 어른들의 요청으로 어린 내가 돈을 떼어 관리하는 '데라꾼'이 되기도 했다. 지금 생각하면 애한테 어른들이 뭘 시킨 건지 모르겠지만…. 아무튼, 그렇게 모인 '데라'는 게임이 끝날 때면 중국요리가 되기도 하고 가끔은 내 용돈이 되기도 했다. 그랬던 그 '데라'를 교회 헌금으로 받을 줄 생각이나 했으랴.

권사님 가정은 대가족이다. 딸 셋, 사위 둘. 거기에 손자 손녀들까지 주일이면 온 식구가 예배드린 후 한 집에 모여 시간을 보냈는데, 최근 놀이 종목이 화투였던 것이다. 권사님, 집사님의 화투에서도 '개평'과 '데라'는 빠질 수 없었나 보다. 그렇게 모여진 '데라'는 가족들의 동의로 매 주일 감사헌금이 되었다. '주일헌금' '선교헌금' '건축헌금' 어느 헌금 항목으로 넣을까 고민이 깊었을 것 같다. 애매하니 감사헌금이 되지 않았을까?

조금은 황당할 수 있는 사연이지만, 나는 푸근함을 느낀다. 그리고 감사하다. 무엇을 하든 교회를 잊지 않는 그 모습이 이쁘다고나 할까? 그렇게 화투판에서도 일꾼을 훈련시키는 하나님을 상상하니, 조금 웃기다. '데라'로 드린 감사헌금을 평생 잊지 못할 것 같다.

선교(1) :
아프리카를 응원하다

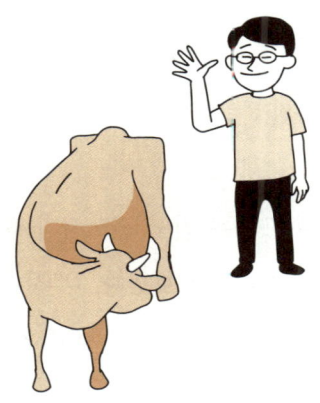

대학 전공이 신학이라서 주변에 사역자가 많다. 교회 목회자는 물론 해외선교사 그리고 사회운동가까지 다양하다. 이 말은 내 주변에는 가난한 사람들이 엄청나게 많다는 뜻이다. 좋은 일에 애쓰는 것을 보고 있자면 돕고 싶은 마음이 충만해지는데, 나 역시 가난한 무리의 핵심인지라 할 수 있는 것이 별로 없다. 교역자로 받는 월급으로는 네 식구 생활도 빠듯했고, 개척을 해보니 교회 운영도 만만치 않다. 집안 살림은 말해 무엇할까.

그래도 계속 마음이 쓰인다. 한국에서 살아가는 나야 뭐라도 하며 살아가지만, 타 문화권에서 낯설고 어려운 환경 속에 선교사로 살아가는 친구는 어찌 살아가는지 모르겠다. 고등학교 동창에 대학까지 동문인 한 친구가 있는데, 종종 듣는 소식에 애가 탔다. 하지만 현실은 녹록지 않았고 겨우 꾸려 가는 교회 살림에 누굴 돕자는 말이 차마 교우들에게 떨어지지 않았다.

"우리 교회에서 설교 한번 어때?"

아프리카 세네갈에서 수고하는 친구 선교사가 잠시 한국에 들어온다는 소식에 어렵게 초청 메시지를 보냈다. '부산까지 내려오는데 뭐라도 좀 해줄 수 있어야 할 텐데…. 숙소를 어디에 잡아 주면 조금 편하게 쉴 수 있을까? 한국 음식을 맛나게 대접할 곳이 있을까?' 돈도 없으면서 계획은 거창해지고 생각이 많아졌다. 반면에 친구는 이런저런 고민 없이 부산 일정을 수락했다. 수많은 환대 계획은 결국 상상만으로 끝났고 미안한 마음으로 선교사 친구를 맞이하게 되었다.

"친구, 멋지네. 사역에 큰 도전 받았어!"

예배 중 듣게 된 친구의 사역은 듣는 내 심장이 뛸 만큼 도전적이었다. 그리고 사역이 참 귀하다는 감동이 생겼다. 하지만 친구는 연신 나의 교회 개척 사역에 감탄했다. 어떻게 교회를 개척하고 이렇게 성도들과 공동체를 이룰 수 있었냐고 물어왔다. 해외선교사와 개척 교회 목사는 식판에 담긴 소박한 음식을 먹으며 격하게 서로를 위로하고 격려했다. 서로가 가진 것이 이것뿐이었으니….

"목사님, 우리가 세네갈 사역에 작지만 동참할 수 있을까요?"

식사가 끝나고 친구를 배웅하기 위해 교회 문을 나서는데, 교회 집사님 한 분이 나를 붙잡았다. 오늘 말씀을 듣고 나니 선교사님 사역에 동참하고 싶다고 하시는 것이었다. '앗싸!' 계획을 세운 것은 아니지만 기대는 있었다. 목회자가 성도들에게 선교하자고 독려할 수 있다. 하지만 성도가 먼저 헌신의 마음을 갖는 것이 더 중요하다고 생각한다. 그런 기대를 품고 친구를 초청한 것이다. '작전 성공'이라고 말해도 될까? 내 마음은 너무 기뻤지만 내색지 않고 차분하게 집사님께 말을 건넸다.

"집사님, 너무 귀한 마음을 하나님께서 주셨네요. 정식으로 결의해서 교회 이름으로 정기 후원을 결정하면 좋겠습니다."

선교지 후원을 결정하는 회의가 열렸다. 교인들도 고민하는 모습이 역력했다. 다들 고만고만한 살림에 헌금하며 교회를 섬기고 있으니 누구 하나 선 듯 나서기 쉽지 않았을 것이다. "주일에 소고기 안 먹고 돼지고기 먹으면 할 수 있지 않을까요?" 나의 말도 안 되는 드립에 성도들이 한바탕 웃으며 선교를 결정했다. 물론 현실적인 부담은 있었지만, 우리는 그렇게 첫 선교지를 마음에 품을 수 있었다. 소고기여 안녕….

선교⑵ :
우리 재정이 아닌 것 같은데

'무슨 일이지?'

나의 성향인지, 개척 교회 목사의 불안인지 장문의 카톡을 받으면 불편하고 불안하다. 누군가 마지막 인사를 남기고 떠날 것 같아서 장문의 카톡을 열어 보기가 겁난다. 폭발하는 상자를 들추어 보듯 조심스럽게 들어가 보았다. 다행이다. 떠나는 인사는 아니었다. 마음은 평안해지고 읽어 가던 속도를 줄이며 집중해 읽었다.

"과거 있던 교회에서 재정으로 입은 상처, 그때부터 드리지 못한 십일조. 교회에 십일조 하지 않고 선교사님에게 보내고 있었습니다."

교회 사역을 함께 하는 간사 자매님의 긴 이야기. 마음이 아팠다. 정확히 어떤 일을 겪었는지, 어떤 말을 들었는지 모르겠지만 돈으로 상처를 받은 것 같았다. 이 자매는 선교단체 간사로 사역하고 있다. 특별한 배경이 없는 한 가난하다는 뜻이다. 그런 사람에게 돈은 늘 어려움이고 때로는 상처가 될 가능성이 크다. 섬기던 교회에서 무슨 일이 있었던 걸까?

"제가 좋은나무교회로 옮기고서 십일조를 통해 교회를 섬기지 못하는 것이 마음에 걸렸습니다. 개척 교회인데 십일조로 함께 동역하지 못하는 것이 마음에 짐이었습니다. 그래서 기도 후 결정합니다. 십일조를 보내 드리던 선교사님께는 상황을 말씀드렸습니다. 앞으로는 교회로 십일조 하겠습니다."

십일조, 참 어려운 존재다. 안 할 수 있다. 그리고 적당히 하나님 눈을 속이며 할 수도 있다. 그래서 나는 성도들에게 십일조 명목으로 드리는 헌금은 할 거면 제대로 하자고 말한다. 그렇지 못할 것 같으면 차라리 다른 이름으로 헌금할 것을 권한다. "우리가 돈 내면서 욕 먹을 이유는 없잖아요? 차라리 마음에 작정한 금액이 있으면 다른 명목으로 헌금하면 좋겠습니다. 십일조는 마음이 생겼을 때 하나님께 감사한 마음을 담아서 당당히 냅시다." 그래서 우리 교회는 현재 십일조 교인이 많이 없다. 물론 십일조는 공동체를 위해, 이웃을 섬기는 사역을 위해 꼭 필요하다. 교회 살림을 꾸려 보니 그렇더라. 하지만 필요하다 해서 성도들에게 없던 마음을 갑자기 생기게 간드는 능력이 내게는 없고 강권할 이유도 모르겠다. 각자의 분량대로 믿음대로 살아가는 것 아니겠는가.

그렇게 얼마가 지나, 자매님의 이름으로 입금된 3만 원. 물론 큰 금액은 아니었다. 하지만 이 안에는 자매 삶의 큰 부분이 담겨 있었다. 그리고 이 마음을 받아 사역하던 한 선교사님이 있었다. 마음이 무거워졌다.

'우리 재정이 아닌 것 같은데...'

개척 교회는 재정이 늘 필요하다. 작든 크든 누군가를 통해 하나님께서 보내 주신 재정은 귀하고 귀하다. 그런데 이렇게 받은 십일조는 우리 것이 아닌 것 같다는 생각이 떠나지를 않았다. 하나님께서 '통로'가 될 것에 대한 부담을 계속 주셨다. 그래서 얼마간의 고민 후 재정 팀에 지금까지 있었던 일과 하나님 주신 마음을 나누었다. 철없는 개척 교회 목사의 객기로 들릴 수도 있었겠지만, 감사하게도 재정 팀은 공감해 주었다. 그리고 의사 결정 기구인 '사역협의회', 다음으로는 전교인 모임 '사무처리회'. 우리는 3만 원의 사용처를 두고 하나님 주신 마음을 나누며 공동체가 함께 결정했다.

"목사님, 그런데 금액이 너무 적어서 어떻게 해요."

성도님들의 이런 말씀이 오히려 고맙다. 부족한 교회 재정을 이유로 새로운 선교지 후원을 막을 수도 있다. 그렇다 해도 성도를 원망하거나 '미성숙하다.'라고 말할 수 없다. 하지만 우리 사랑하는 교우들은 새로운 선교지를 염려하며 목사의 제안에 기쁘게 찬성해 주었다. 우리는 그렇게 네 번째 선교지를 품게 되었다. 금액이 적어서 민망함은 있지만, 이 또한 우리에게는 하나님 주신 마음에 순종하는 훈련이 되었다. 담임 목사는 행복하다.

그래, 가족이구나

가족　家族
Family

한 성도가 아프다. 모두가 두려워하는 질병이다. 익숙한 질병이지만 그것이 나의 일이 되면 누구나 당황스럽고 적응이 어렵다. 우리 집사님도 수술을 기다리며 두려워하고 우울해했다. 기도에 약한 목사를 기도하게 했다. 할 수 있는 것이 없으니 기도만 하게 됐다. 미안함에 카톡을 보내 보지만, 이야기를 길게 이어 가지 못했다. 나도, 성도님의 가정도 너무 무거운 시간을 보내고 있었다.

"내 딸이 그리 아프다고 생각하면,
　모여서 좋은 것 먹을 수 없겠더라고요."

권사님이 오랜만에 계획했던 가족 모임을 취소했다는 소식을 전해 들었다. 일상적인 가족 모임도 아니고, 코로나로 미루어 오던 큰 모임이었다. 잔치 수준의 준비를 하시다가 갑자기 다 취소하셨다. "무슨 일이 있으세요?" 이 댁에도 다른 문제가 있는 것은 아닌지, 조심스레 여쭈었다. 들려오는 대답이 나를 먹먹하게 만들었다. 젊은 여집사의 병환 소식을 듣고, 내 딸이 그렇게 아프면 잔치할 수 있겠느냐고 말씀하셨다. '어른이시구나.' 굳이 그리하지 않으셔도 누가 뭐라 할까. 하지만 권사님은 교회 식구를 진짜 가족으로 고백하고 있었다.

"집사님 편찮으신데, 나중에 목사님께서 기회 보시고 알려 주세요."

황무지에도 꽃은 피고 미세하게 향기는 날리나 보다. 신혼부부가 임신 소식을 알렸다. 병환 중에 있는 교우의 소식에 무거운 시간을 보내고 있었지만, 한 생명의 시작은 내게 기쁨의 씨앗이 되기에 충분했다. 교인 단체 톡에 알리겠다는 나의 말에 자매가 난색을 보이며 '다음'을 요청했다. 이유는 한 가지. 아픈 집사님도 있으니 나중에 상황이 좋아지면 축하받고 싶다는 말에 내 얼굴이 붉어졌다. 임신한 자매에게도, 아픈 집사님에게도 미안했다.

'그래, 가족이구나!'

조금 부끄럽기도 하지만, 기분은 좋았다. 교회는 공동체를 넘어 가족이고 식구다. 그것이 교회라며 목청 높여 설교했다. 하지만 교회가 진짜 가족인지는 늘 의문이었다. 그렇지만 지금 병 중에 있는 한 사람을 통해 희망을 본다. 이게 가족 아닌가. 우리 교회가 체구도 작고 결핍이 많아서 다소 불편함이 있지만, 이런 따뜻한 마음이 있어서 감사하다. 서로 비빌 수 있는 이런 비좁음이 참 좋다.

창과 방패 :
그래도 내가 이겼다!

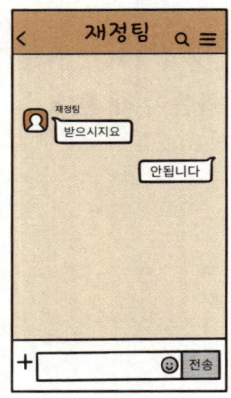

'모순(矛盾)'

창과 방패 이야기는 많은 사람이 잘 알고 있다. 무엇이든 막을 수 있다며 방패를 파는 사람, 무엇이든 뚫을 수 있다며 창을 파는 사람. 한 사람이 그런 말과 행동을 하니 앞뒤가 맞지 않는다는 뜻이다. 그런 모양의 전투가 있었다. 모순(矛盾)보다는 용호상박(龍虎相搏)이 더 어울릴지도 모르겠다. 하지만 창과 방패가 치열하게 맞서다 보니 '모순'이 먼저 떠오른다. 누가 승리할까?

명절이 되면 교회 사역을 돕는 두 분께 작은 사례로 고마움을 전한다.

반면에 '중이 제 머리 못 깎는다.'라고 했던가? 예산 편성과 집행을 직접 하고 있었기에 정작 명절과 휴가 때 나를 위한 예산을 준비하지 못했다. 그것을 늦게 알아차린 재정 팀에서 올해부터는 담임 목사에게도 명절 상여금이 있으면 좋겠다는 제안이 있었다. 고마운 말씀이다. 사실 매달 빠듯이 살아가는 가정생활에 명절만 되면 내색 못 할 부담이 있었다. 양가 어른들을 뵈러 가든, 용돈으로 인사를 드리든 어느 하나 쉽지 않았다. 용돈다운 용돈은 고사하고 이동하는 교통비도 고민이 되었으니 말해 무엇하랴.

> "이번 추석, 전도사님과 간사님께는 10만 원씩 명절 인사를 하도록 하겠습니다. 그런데 아무리 생각해도 지금 형편상 20만 원을 제가 받기 어렵습니다. 성격인지 사명인지 모르겠지만 아내도 그렇게 하자고 흔쾌히 이야기해 주네요. 두 분도 그리 양해해 주시면 감사하겠습니다. 어려운 시절, 같이 어려운 것도 나쁘지 않습니다."

교회 이전을 앞두고 교회 통장이 탈탈 털렸다. 사실, 털 잔고도 없음을 집사님들은 모르신다. 그런 상황을 보면서 내 명절 상여금을 받을 수 없었다. 그래서 아내에게 미안한 마음 담아 의견을 전했고 아내는 흔쾌히 받아 주었다. 늘 미안하고 고맙다. 그렇게 우리 부부의 마음을 정리해 재정 팀에 다시 전하게 되었다. 이런 말을 전해 듣는 집사님들 마음이라고 편했을까….

"그래도 이러시면 안 됩니다. 목사님께서도 명절 보내셔야지 않습니까? 저희 마음 같으면 조금이라도 더 드리고 싶습니다. 진행하시지요."

"저도 이런 부분 고집이 있어서요. ㅋㅋ 내년 설에는 꼭 받겠습니다. 그러니 이번에는 두 분이 양보해 주세요. 그리고 지금 이런 시간이 우리 모두에게 좋은 추억으로 남으면 좋겠습니다."

이렇게 우리는 몇 합을 주고받으며 서로의 내공을 겨루었다. 하지만 생각지 못한 반격에 나는 주저앉고 말았다. 직접 전화를 하셔서 상여금을 안 받으면 본인 개인 돈으로 내 계좌에 이체해 버리겠다며 필살기를 발휘하셨다. 이렇게까지 민폐가 되면 안 되겠다 싶어 감사의 인사를 전하며 거의 패배를 인정할 무렵, 아내가 이 소식을 듣고 상황을 뒤집어 버렸다. 아마 집사님들은 본인들이 패배 한지도 모를 것이다. 여하튼 아내의 지혜로 내가 이겼다!

"여보, 그럼 그냥 20만 원 받고 그대로 헌금해요. 그럼 되겠지?"

그만
울어 버렸다

몇 개월, 얼마간의 시간이 너무나도 고통스러웠다. 내가 어찌할 수 없는 문제들, 하나님의 몰아가심, 누군가의 아픔을 바라보며 혼란스러웠다. 무엇이 문제인지도 몰랐기에 어떻게 해야 할지도 몰랐다. 무능함을 드러내며 금식했다. 어디 토할 곳이 없어서 기도했다. 손 벌릴 곳이 없어서 그분께 시선을 드렸다. 경건해서가 아니다. 정말 아무것도 할 수 없었기에 그렇게밖에 할 수 없었다.

교회 이전…

정말 버티고 버텼는데 결국에는 하나님 앞에 순종을 결단했다. 어렵게 모인 지금의 성도님들에게 아픔을 드릴까 봐, 혹시나 흩어질까 봐 절대 교회 이전을 하지 않겠다고 버텨 보았다. 하지만 결국 하나님의 뜻대로 일은 진행되고 있었다. 반면에 현실에서 겪어야 할 폭풍은 매서웠다. 믿음이 없으니 계속 불안했고 안전하게 놓여 있는 돌다리도 자꾸만 두드리는 바보가 되었다.

"어디로 가지?"

"대출은 과연 될까?"

"우리 성도님들이 반대하지 않을까?"

하지만 내 염려와 달리 순종의 결단 이후 고속도로의 슈퍼카가 질주하듯이 일은 일사천리로 진행되었다. 교회 식구 누구도 반대하지 않았고 우리가 생각했던 금액으로 두 배 큰 공간을 소개받게 되었다. 개척 교회는 1금융권 은행은 물론이고 2금융권 대출도 어렵다는 소문을 들었는데, 1금융권 은행에서 좋은 조건으로 대출이 진행되었다. 계약하고 등기를 하고, 일이 진행되는 과정마다 이게 무슨 일인가 싶었다. 그러나…

아내의 조직 검사

아내는 3년 전 암으로 보이는 섬유종을 제거한 이력이 있다. 그때 얼마나 놀라고 긴장했는지 모른다. 남편의 속도 모르고 아내는 자신에게 문제가 생기면 아이들을 친정으로 보낼까, 시댁으로 보낼까를 고민하고 있었으니 제법 무거웠던 상황이었다. 그 후 6개월, 1년 단위로 추적하며 살펴보는 어느 날.

"몸에 뭐가 있어요. 조직 검사를 해봐야 할 것 같습니다."

의사는 담담히 말했지만, 나는 그때의 공포가 떠올랐다. 아니 오히려 더 두려웠다. 결과가 나오는 열흘간 두려운 만큼 더욱 소리 내어 기도하게 되었다. 전혀 티 내지 않고 덤덤한 척 있었는데 아내가 나를 '툭' 쳤다. "엄청 티나. 너무 걱정하지마." 하지 말라고 하면 마법처럼 걱정이 사라지나? 나는 염려하며 기도하는 믿음 없는 그런 목사였다. 열흘 후, 감사하게도 음성 판정을 받았다! 하지만…

다른 성도의 아픔에 나의 기쁨은 묻어 두어야 했다.

아내의 조직 검사 직전에 교회 성도님의 암 재발 소식을 듣게 되었기 때문이다. 교회를 개척하고 첫 예배에 소리도 없이 자리를 지켜 주던 분이다. 첫 번째 질병 소식에는 온 교회가 열심히 기도하고 치료도 받으며 잘 이겨 냈다. 그렇게 다 끝났다고 생각한 어느 날, 다른 곳으로 전이가 된 것 같다는 소식을 듣게 되었다. 의사는 재발한 것이 확실하다며 조직 검사 결과를 듣기 전에 이미 항암 치료를 위해 약을 처방하고 있었다.

'어떻게 이런 일이…'

반신반의. 솔직한 내 심정이었다. 상황을 뒤집어 달라고 주님께 기도했다. 하나님의 섭리나 계획 따위는 모르겠다. 성도의 아픔에 그냥 빌고 빌었다. 하지만 확신이 서지 않았다. 두렵고, 마음이 아리고 무너짐을 느꼈다. 그리고 그날 새벽에도 그런 반신반의 기도를 여전히 이어가고 있었다.

"목사님, 수술하며 절제한 부분은 양성이고, 나머지 조직 검사용으로 뗀 부분에서는 음성 나왔다고 하네요."

덤덤한 카톡을 받고 무슨 말인지 정확히 알 수 없어 전화를 드렸다. 말인즉슨, 안 좋아 보이는 부분은 제거했고, 의심이 되는 부분은 검사를 위해 떼어 냈는데 그것은 암과 무관하다는 이야기를 들었다는 것이다. 분명 의사는 조직 검사 결과가 나오기 전에 암(재발/전이)이라 확신하며 이미 약물 치료까지 시작했는데, 상황이 뒤집힌 것이다.

"아, 집사님. 제가 얼마나 무서웠는지 아세요. 집사님 어찌 될까 봐."

필터링 되지 못한 부끄러운 속내가 튀어나왔다. 그리고는 계속 눈물이 흘렀다. 무슨 감정인지도 모르겠다. 너무 좋고, 감사하고, 안도하는 마음인 듯했다. 목사의 울음에 성도님도 처음에는 당황하시더니 같이 울기 시작했다. 우리는 얼마간 그렇게 울그, 목소리를 가다듬으며 각자의 표현대로 하나님께 감사의 고백을 올려드렸다.

아내와 성도가 비슷한 시기에 암인지 확인하기 위해 조직 검사를 받았다. 아내의 검사 결과가 좋게 나왔음에도 마음이 불편했다. 성도는 아픈데, 목회자 가정은 무탈하다고 마냥 기뻐할 수 없었다. 아내에게는 미안한 말이지만, 차라리 목회자 가정이 어려운 일 당하는 것이 더 낫다는 생각이 들 정도였다. 교회 이전을 진행하는데 성도는 아프고, 목사의 아내도 아프다니….

'교회 이전을 멈춰야 할까?'
'내 죄가 많아서 주변 사람들이 아픈 것일까?'

신학을 하며 하나님의 속성을 배운들 무엇하고, 금식과 기도를 이어가면 무엇 할까? 나는 그렇게 무너지고 있었고, 두려워하고 있었다. 하지만, 모든 일을 봉합하시는 하나님을 경험하니 부끄러움이 몰려왔다. 그리고 감사의 고백이 올려졌다.

드라마 '슬기로운 의사 생활'에서 교수가 학생에게 이런 말을 했다. "여기는 3차 병원이야. 환자가 여기까지 왔다는 건 더는 방법이 없다는 뜻이야." 개척 교회 목사에게 들려지는 하나님의 음성으로 들렸다. "여기는 개척 교회야. 성도가 여기까지 왔다는 것은, 그 삶이 쉽지 않았을 수 있다는 뜻이야." 지금 나와 함께하는 교회 가족들. 어쩌면 가장 어렵고 힘든 상황에서 나와 만났을지 모른다. 그래, 같이 울어 주며 살자.

"하나님, 그래도 성도를 보면서 울 수 있는 목사라서 감사해요."

서러워서 참

현재 우리가 살고 있는 빌라는 4층, 주인집 포함해서 총 다섯 세대가 살고 있다. 작은 평수이다 보니 1인 혹은 2인이 주로 거주한다. 빌라에서 유일하게 우리 집만 4인 가족이다. 아들 둘이 훌쩍 커버려 비좁은 감이 있지만, 우리 네 식구는 큰 불만 없이 만족했다. 아들이 둘 있다는 말에 집을 주지 않으려는 집주인을 겨우 설득해 어렵게 들어온 집이다. 아이들이 부산스러울까 봐, 친구들을 데리고 와서 빌라를 시끄럽게 할까 봐 염려되었다고 한다. 하지만 우리 아이들은 그런 성향이 아니었기에 자신 있게 다짐했고, 소음으로 인한 불편은 한 번도 없었다.

"잠시 좀 봅시다."

주일 아침, 아이들과 함께 교회 가기 위해 집을 나섰다. 1층에서 마주친 주인 할아버지는 청소를 하고 계셨고, 우리 삼부자는 깍듯이 인사를 드렸다. 그렇게 지나려는 나를 갑자기 불러 세우셨다. 이슈는 수도 요금이다. 관리비에는 수도 요금이 포함된다. 세대별 계량기가 있으나 요금은 합산되어 나오는 구조다. 지금까지는 몇 세대가 안 되어 대충 나눠서 정산하신 듯하다.

그런데 우리 집이 이사 오면서 그 흐름이 깨어졌는지 처음에는 불러 고지서를 보여 주며 자신의 불편함을 쏟아 내셨다. 우리 집 때문에 누진제(?) 적용으로 물값이 너무 비싸졌다고, 다른 집까지 다 영향이 가서 곤란하다고 하셨다. 그리고는 자신들이 어떻게 물을 아끼며 살아가는지 일장 연설을 시작하셨다.

"우리는 화장실도 여러 번 이용 후에 물을 내려요. 샤워도 거의 안 하지만, 하더라도 그냥 땀만 씻어 내는 정도로만 합니다."

타의 모범이 될 사례는 아닌 것 같았다. 듣는 내 혼란스러웠다. 이것은 자랑인가, 자기 비하인가? 도저히 맞장구칠 수가 없었다. 어지간하면 어른들 이야기에 토를 달거나 불편한 기색을 하지 않는데, 이때는 기분이 너무 상했다. 주인집의 근검절약 모델을 따를 수 없다며 거부 의사를 표했다. "저희는 그렇게 살기는 어렵겠습니다." 다른 세대가 얼마나 더 나오는지는 모르겠지만 어느 정도는 우리가 감당하겠다며 관리비에 부과하시라는 말로 선을 그었다. 더 맞춰 줄 자신도 없었고 방법도 몰랐다.

그 일이 있은 후, 수도 요금 문제로 다시 불려 세워진 것이다. 아이들과 즐겁게 나섰는데 마음이 영 좋지 못했다. 하지만 애써 참으며 담담하게 곧 임대 아파트로 이사 갈 예정이니 너무 마음 쓰지 마시라는 위로를 전했다. '조금만 더 참자. 여기서 어른에게 얼굴 붉힐 필요 없다.' 마음을 다잡았다. 그런데…

"잘됐네. 어서 나가 주면 좋겠어요."

집 없어서 서럽다고 느낀 적이 한 번도 없었는데, 할아버지의 뒷말에 맥이 풀려 버렸다. 그날 영 기분이 별로였다. 그것도 수도 요금 얼마에….

첫 등록
교인

코로나를 통해 몇 명의 가족을 잃었다. 교회가 처음인 사람, 교회를 오랜 시간 떠나 있던 사람, 이리저리 교회 찾아 방황하는 사람…. 감사하게도 그들은 우리 교회에 정착했고 얼마간 함께할 수 있었다. 자주 기도했고, 마음을 다해 형편을 살폈다. 하지만 긴 코로나 시국은 약한 자가 교회를 떠나기에 좋은 핑계가 되었다. 마음을 크게 써서일까? 티를 내지 않았지만, 상심도 컸다. 마치 짝사랑하던 사람과 겨우 이어 가던 끈이 끊어진 느낌이랄까?

'야근해서 교회 부흥할 것 같으면 나는 매일 야근을 할 것이다.'

개척할 때부터 마음에 품은 생각이다. 교회 성장은 목회자의 계획이나 역량, 노력과도 무관한 것 같다. 마치 하나님께서 목회자 한 사람 한 사람에게 떼어 준 어떤 몫이 있는 것은 아닐까? 그리고 그 몫을 인정할 때 비로소 덜 힘든 것이 아닐까? 여하튼 누가 들으면 게으르고 악한 목사로 비칠 수 있을 그런 생각을 품고 살아간다. 그렇게 해야 덜 지치고 오랜 시간 목회할 수 있을 것 같다. 그렇게 해야 나와 함께하는 가족, 성도들에게 불편함을 주지 않을 것 같다.

좋은나무교회 시즌 2. 어려웠지만 교회 이사가 잘 마무리되었다. 많은 사람이 방문해서 축하해 주고 결과에 놀라워했다. 물론 가장 기뻐하는 사람은 교우들이다. 어려웠지만 순종함으로 끝까지 걸었더니 하나님께서 베푸신 열매를 함께 볼 수 있었다. 하지만 새로운 출발을 시작하는 내 마음은 부담의 무게로 무거웠다. '이 공간을 어떻게 채울까?' 숫자에 비교적 자유로웠지만 그래도 어쩔 수 없었나 보다. 새로운 곳에서 품고 있는 교우들의 기대가 내게는 오롯이 부담으로 남았다.

'그래, 1호 등록자. 걸리기만 해봐라!'

복수의 칼날을 가는 것 같지만 이를 악문 축복이다. 교회 이사 후 1호 등록자를 두고 매일 기도했다. 누가 되었든 처음 등록한 사람에게는 아낌없는 선물을 주리라 벼르고 벼르었다. 하지만 이사 후 6개월이 되어 가도록 방문자조차도 하나 없었다. 간혹 지인의 방문이 있었지만, 지역 주민은 전혀 만날 수 없었다. '교회에 새로운 이 하나 오는 것이 이렇게 힘든 일이구나.' 새삼 깨달았다.

"목사님, 친구가 드럼 치고 싶어서 교회 오려는데, 괜찮을까요?"

건반을 치고 있는 중학교 2학년 아이의 학교 밴드부 드러머(drummer)가 교회에 오고 싶어 한다는 소식을 들었다. 소식만으로도 뛸 듯 반가웠지만, 나는 선을 그으며 가이드를 제시했다. "교회에 드럼을 치러 올 수는 없지만, 나중에 칠 수도 있겠지?" 그래, 목사다운 절제된 지침이었다. 스스로 만족스러웠다. 솔직히 그 아이가 교회 오면 좋겠다며 요란하게 떠들고 싶었지만 잘 참았다.

"하나님? 믿어 보지 뭐."

우리의 건반 주자는 '교회는 하나님이 먼저'라는 말을 친구에게 전했다. 목사의 가이드를 잘 따라 준 용기 있는 행동이었다. 그 말을 들은 드러머, 쿨하게 하나님을 믿어 보겠다며 교회에 찾아왔다. 잠시 드럼에 앉아 연주하는데, 녀석 꽤 잘한다. 어디서 저런 녀석이 왔을까? 하지만 나는 다시 절제했다. (왜? 하나님이 먼저니까. 나는 원칙이 분명한 목사니까.) 그렇지만 계속 아이의 드럼 비트에 내 몸이 흔들렸다. 중학생 드러머는 그렇게 3주 교회를 출석하고, 등록을 하게 되었다. 벼르고 벼르던 첫 등록자가 청소년이 될 줄은 생각지도 못했다. 그렇다면, 무엇을 선물해야 할까?

'그래! 너로 결정했어!'

나는 열정적인 남자로 살라는 의미에서 불꽃 포켓몬스터 '파이리' 인형을 주문했다. 추가 요금을 지불하면서 크기도 대형으로 변경했다. 인형은 안아 줄 수 있어야 맛이니깐. 드러머 남학생에게 인형이라는 선물, 조금은 도박이다 싶은 마음도 들었지만, 어쩐지 괜찮을 것 같은 느낌적인 느낌이었다. 주일 광고 시간, 등록 교인을 환영하며 선물을 전했다. 대형 '파이리' 인형을 안아 든 녀석이 함박웃음을 지었다. 성공이다!

'그래, 네가 좋으면 된 거다.'

새가족에게 대형 인형을 선물하는 엉뚱한 교회. 그 모습을 두 아기 엄마가 보고 있다. 최근 동네 친구를 따라 우리 교회를 오신 분들인데, 교회에 들어오실 때 유모차 세 대가 흔께 진입하는 모습이 참 장관이다. 교회가 처음이라고 해서 예배 시간이 힘들지 않냐고 물으니, 오히려 편하고 좋다는 뜻밖의 답을 하신다. '그럴 리가…'

종종 먼 산을 바라본다. 아무 생각 없이… 요즘 말로 그냥 '멍'이다. 그러다 비집고 들어오는 생각이 나를 괴롭게 하기도 한다. '얼마나 목회할 수 있을까? 공동체가 잘 유지될 수 있을까?' 우울함이 마음을 점령하려 할 때면 떨어내기 위해 고개를 크게 젓는다. 큰 교회를 품은 적도 없고, 안정된 삶을 꿈꾸지도 않았다. 나는 그저 동네 사람, 동네 목사로 살고 싶었을 뿐이다. "잘하고 있는 걸까요?"라고 물으면, "그럼, 제법 잘하고 있어."라고 하시는 것 같은 그분의 토닥임을 느끼며 용기를 얻는다. 그래, 가던 길 잘 걸어 보자. 이 길 끝에서 주님 만나는 것이 내 소명일 테니까.

"계속 달려 보자! 파이팅!"